D1741508

9030 0000 121926

Don Andrea Gallo
Loris Mazzetti

Sono venuto per servire

Aliberti editore

Sede legale:
via dei Cappuccini, 27 00187 Roma

Sede operativa:
Via Meuccio Ruini, 74 42100 Reggio Emilia
Tel. 0522 272494 - Fax 0522 272250 - Ufficio Stampa 329 4293200

Aliberti sul web:
www.alibertieditore.it
blog.alibertieditore.it

info@alibertieditore.it

«Drogati di merda». Così Don saluta i suoi ragazzi che gestiscono l'osteria marinara A' Lanterna in via Milano dove si mangia un pesce da favola. «Ciao Don, in ritardo questa sera...», è la risposta di Fabio, che serve ai tavoli. Don gli batte una mano sulla spalla e poi girandosi verso di me: «Solo io li posso chiamare così».

Nel saluto c'è tutto l'affetto del mondo per i suoi giovani, per i tanti che sono passati dalla comunità di San Benedetto al Porto, che lui ha aiutato a uscire dal tunnel della droga e del malaffare.

«Ciao Don, sai che giorno è oggi?» gli dice Ina, la cuoca che governa la cucina dal primo giorno dell'apertura dell'osteria. Ha intuito dal trambusto che lui è arrivato. Tutti gli ex ragazzi gli sono attorno per salutarlo. Ina, facendo capolino dal suo regno, gli dice: «Oggi festeggiamo i ventinove anni dall'apertura dell'osteria: menu speciale». Gli occhi del finto burbero si illuminano. Sono trascorsi quasi cinquant'anni dal giorno in cui Andrea Gallo (per chi gli vuol bene Don), fu nominato cappellano della nave Garaventa, il riformatorio che tutti i ragazzi di Genova hanno sempre temuto.

«Loris, non darle retta, qui il menu è speciale ogni giorno. Ina sta per andare in pensione, l'ho conosciuta che era una ragazza, si è sposata, è diventata nonna... Lei, è speciale». «Te lo dico dopo che ho mangiato» gli rispondo scherzando. «Fidati, fidati...»

Don ha una parola per tutti. L'osteria non ha un tavolo libero, qualche locale, soprattutto turisti. Per noi hanno preparato in una saletta un po' appartata, sapevano che la nostra cena sarebbe stata lunga e piena di parole.

A' Lanterna, a due passi dalla Torre della Lanterna, il faro portuale di Genova, il simbolo della città marinara, è un luogo molto affascinante. Mi sembra di essere entrato in una taverna tratta da *L'isola del tesoro*, dove non si beve rum ma un bianco e un rosso che «vanno giù che è un piacere». Linguine misto mare, tagliolini al pesto, cozze al pomodoro, acciughe e salmone marinato, tagliata di spada affumicato con rucola e il fritto misto (da questo piatto si riconosce la qualità della cucina di mare: Ina è una grande cuoca), per finire panna cotta con caramello e coppetta fantasia (Ina non svelerebbe le due ricette neanche sotto tortura), poi una sana grappetta, ovviamente Barile, l'amico del Don da una vita.

In chiusura della serata un ultimo giro per la città, accompagnati dal fido Marco, dedicato ai più bisognosi.

Tutto accade di notte. Le ore più drammatiche sono quelle che portano all'alba: furti, omicidi, affari di ogni genere, droga e prostituzione. Le ore del giorno aiutano gli ultimi, una grande città li nasconde, si mimetizzano tra le luci e le ombre. Durante il giorno, i disadattati, i poveracci, si notano di meno; durante la notte, invece, sono una presenza visibile, li vedi aggirarsi in cerca di un rifugio lungo il porto, sotto un cavalcavia, attorno alla stazione, dove, fino a qualche tempo fa, potevano andare di nascosto a rifugiarsi in un vagone parcheggiato lungo un binario morto. Ubriachi, drogati, prostitute, dopo i tanti fatti di sangue, l'accesso alla stazione di notte è vietato. Gli ultimi non sanno più dove andare, rimangono soli con la loro disperazione.

Da quando don Gallo è tornato a Genova non dorme più durante la notte, rimane a disposizione dei fratelli più sfortunati. Solo quando il sole comincia a dare luce alla sua città Don si corica per qualche ora.

«La mia gente di notte non ha un posto dove andare, così io dormo di giorno e sto sveglio fino all'alba nel mio archivio, tante volte volesse passare di là». Racconta don Gallo. Classe 1928, ottantadue anni, portati alla grande. Ancora viaggia su e giù per l'Italia per incontrare le persone, i fratelli. Quando arriva

Andrea Gallo è sempre festa, la platea è piena, stipata. Con una regola: «Io dormo nel mio letto a San Domenico al Porto», e via chilometri su chilometri con Marco alla guida.

Don lo avevo incontrato altre volte, durante un dibattito o un suo intervento in qualche mia trasmissione. La sua parola mi ha sempre affascinato. Le sue parole non sono mai buttate al vento, hanno sempre un senso, ti rimangono dentro, ti fanno pensare (è banale dirlo figuriamoci scriverlo, però non ho altro modo per raccontare quello che provo).

Quando è stato ospite a *Che tempo che fa*, mentre Fazio lo intervistava, io ero seduto dietro la scena, seguivo la ripresa attraverso un monitor di servizio, ascoltandolo pensavo: «Peccato che Don sia un prete, se fosse un politico, avremmo trovato il nostro leader».

È facile fare il rivoluzionario con il fucile in mano, anche se a volte è inevitabile, soprattutto quando si lotta contro il dittatore o l'usurpatore. Re Sole, Nicola II, Mussolini, Hitler, Stalin, Batista, Franco, Pinochet, Ceausescu o Al-Bashir, nomi che rappresentano disperazione e morte (l'Olocausto e le stragi nel Darfur sono solo due dei tanti esempi). Contro assassini come questi le parole sembrano inutili. Il criminale è convinto di prevalere su chi combatte per la verità e la giustizia sociale senza usare il fucile, eliminandolo, è accaduto a Gandhi e prima di lui a Cristo. Il loro pensiero, il loro esempio, la storia ci insegna, rimangono per sempre perché hanno la forza dell'acqua che goccia dopo goccia riesce a scavare la pietra.

Il mio cuore, sin da quando ero bambino, si è riempito di eroi, che hanno lottato per la giustizia. I primi sono quelli che ho conosciuto attraverso la letteratura, da Davy Crockett a Robin Hood, da Ivanhoe a David Copperfield, poi sono arrivati i partigiani. Ricordo che la Rai, quando si avvicinava la data del 25 aprile, trasmetteva in prima serata alcuni film sulla Resistenza: da *Paisà* di Rosellini a *Achtung!Banditi!* di Lizzani, da *Le quattro giornate di Napoli* di Loy a *La lunga notte del '43* di Vancini. Quando sento *Bella ciao* (oltre a essere la canzone simbolo della Liberazione, era anche la sigla della serie televisiva), mi emoziono e come allora mi vengono in mente alcuni volti: quello di Lupo, Mario Musolesi, il comandante della brigata Stella Rossa, morto a trent'anni nel settembre '44; di Irma Bandiera, ventinove anni, la staffetta Mimma, medaglia d'oro al valor militare, prima violentata poi trucidata dai nazifascisti, non rivelò un solo nome dei componenti del suo gap; di Sirio Corbari, nome di battaglia Silvio, che morì a ventun'anni.

Anch'io, come tanti ragazzi della mia generazione, sono rimasto affascinato da Che Guevara. Ho stampato nella mente quando arrivò la notizia della sua morte in Bolivia nel 1967, era come fosse morto un caro amico. Del Che ho letto tutto, da *Guerra per bande* in poi, ancora oggi se esce un libro o un film non li perdo. Conservo ancora la prima maglietta

comprata a Londra nel 1970 con la sua immagine nera, quella storica, stampata in negativo
su fondo verde.

Negli anni, affrontando la vita e facendo un
lavoro meraviglioso che mi ha portato a viag-
giare per il mondo e a incontrare tante persone,
sono rimasto colpito soprattutto da quelle che
sono quotidianamente a contatto con le miserie
umane. Mi hanno fatto capire che era giusto
allargare lo spazio nel mio cuore e a fianco dei
miei eroi ho messo altri volti che tanto avevano in comune con gli eroi della mia adolescen-
za. Quante volte ne ho parlato con Enzo Biagi.
Quante volte abbiamo messo a confronto i
nostri rivoluzionari, i nostri eroi. Un giorno,
durante uno dei tanti viaggi che abbiamo fatto
insieme, mi disse che per lui i grandi rivoluzionari del Novecento erano stati tre preti: don
Milani, don Mazzolari e don Zeno Saltini, il
fondatore di Nomadelfia che aveva dato una
madre a quei bambini che non l'avevano.
Conoscevo bene le storie dei tre rivoluzionari
di Biagi, in particolare di don Milani, avevo
letto molto, ero stato a Barbiana dove aveva la
scuola. Non avevo mai pensato a loro come
eroi, mancava nella loro vita la parte epica.
Fino a quel momento il prete eroe, per me era
rappresentato da don Minzoni che si oppose al
fascismo di Mussolini e fu assassinato dalle
brigate nere di Italo Balbo, o l'arcivescovo di
San Salvador Romero, che fu ucciso mentre
celebrava la messa, perché lottava contro la dit-

tatura denunciando le violenze che la popolazione povera era costretta a subire.

Quando parlavo a Biagi di Che Guevara lui mi rispondeva con la storia dei fratelli Rosselli, di Gobetti, uccisi dai fascisti e di don Fornasini che non volle abbandonare i suoi fedeli e fu trucidato insieme a loro vicino a Marzabotto, poi scuotendo la testa mi diceva: «Il nostro Paese non ha memoria, tu sei un esempio». Ai tre preti rivoluzionari, nel tempo, ne ho aggiunti altri: il vescovo di Rumbec, sud del Sudan, don Cesare Mazzolari che salva i bambini soldato e compra gli schiavi per dare a loro la libertà; padre Alex Zanotelli, missionario comboniano come il vescovo, che ho incontrato quando era ancora in Africa, nella bidonville Korogocho, vicina alla più grande discarica di Nairobi, dove la povertà è estrema e oltre il cinquanta per cento della popolazione è affetta dall'Aids. Ho visto quanto i bambini erano felici di stare con lui. Don Luigi Ciotti, il simbolo dell'antimafia e il laico Gino Strada per gli ospedali di Emergency, ma soprattutto per la sua missione contro tutte le guerre. Mentre scrivo sento di voler aggiungere a loro anche Don.

Di Andrea Gallo conosco quasi tutto. Mi sono reso conto, studiando la sua vita, che è quella di un grande rivoluzionario. Sicuramente lui non sarà d'accordo con questa affermazione, scommetto che mi direbbe: «Io ho seguito solo le impronte lasciate da altri».

Lui è un grande rivoluzionario, non solo per il bene che fa, ma per la forza della sua parola, l'esempio dato dal suo modo di vivere (Dio sa quanto abbiamo bisogno di esempi in questa società che sta distruggendo i valori, dove morale ed etica solo sono optional e quindi non obbligatori), per la capacità di rendere semplice tutto quello che è complicato.

> Mai finora ci siamo ritrovati con animo così turbato come oggi. Siamo di fronte, nel nostro bel Paese, a una caduta senza precedenti della democrazia e dell'etica pubblica. La mia coscienza di uomo e di prete che intende coniugare fede e impegno civile è in difficoltà a prendere la parola. Dov'è la fede? Nelle crociate moralistiche? Dov'è la politica? Nei palazzi? Dove sono i partiti? Sempre più lontani. È una vera eutanasia della democrazia, siamo tutti corresponsabili, anche le istituzioni religiose.

Così ha scritto in una lettera pubblicata dal «Secolo XIX» qualche tempo fa. Quello che mi ha più colpito in don Gallo è come lui ha messo in pratica gli insegnamenti del cristianesimo partendo dalla virtù che dovrebbe essere alla base della vita di un prete: la povertà, e che invece la Chiesa, quella conservatrice, quella dei tabù, gli ha sempre contestato, a volte trattandolo da eretico. Don Gallo non ha fatto altro che seguire l'esempio di Gesù, di san Francesco e di altri. Con la Chiesa il rapporto è stato difficile sin dall'inizio. «Chi vuol farsi obbedire deve prima riuscire a farsi amare», sono le parole di don Bosco che Andrea ha fatto sue.

Le prime incomprensioni con i superiori nascono nel riformatorio per minori, il suo primo incarico dopo essere stato ordinato sacerdote nel 1959, a trentun'anni. Il metodo che usa con i ragazzi (non ha alla base l'espiazione della pena), non è gradito. Con don Gallo fiducia e libertà prendono il posto della repressione. Lavora sulla responsabilità, consentendo ai ragazzi di uscire per andare al cinema e vivere momenti di autogestione. Dopo tre anni viene rimosso dall'incarico senza nessuna spiegazione. Nel 1964 decide di lasciare la congregazione e di entrare nella diocesi genovese. «La congregazione salesiana si era istituzionalizzata e mi impediva di vivere pienamente la vocazione sacerdotale» racconterà successivamente. Le contestazioni che rivolge alla Chiesa sono le seguenti: la piramide gerarchica che la compone, la sua ricchezza, la mancanza del no totale alla guerra, la condanna nei confronti della laicità (per don Gallo, invece, la laicità rappresenta la difesa dei diritti dell'uomo).

Cercherò di fare una sintesi del pensiero del Don (sicuramente molto riduttiva), attraverso le sue dichiarazioni, nella speranza che serva per capire meglio alcuni momenti dell'intervista.

I preti e il matrimonio: «Don Gallo ritiene che vi sia una grande contraddizione con il

Vangelo. Gesù sceglie direttamente colui che diventerà il primo papa, Pietro, sposato con figli. «Se i preti avessero la possibilità di sposarsi, si ridurrebbe il problema del prete che non rispetta il voto di castità, che va con prostitute, della pedofilia».

L'omosessualità: «Un dono di Dio».

L'uso del profilattico: La prima risposta di don Gallo è quella della morale cattolica: «Seguire l'astinenza in attesa del matrimonio». Nello stesso tempo ammette che la realtà è un'altra e non rendersene conto è ancora più grave. «Se i giovani fanno all'amore l'uso del profilattico è fondamentale».

Il sacerdozio femminile: «Favorevole».

Il divorzio: «Favorevole».

L'eutanasia: «Favorevole, se regolamentata».

Legalizzazione delle droghe leggere: Don Gallo non è favorevole al principio, ma ammette che il problema è reale: «C'è la necessità di una rigida regolamentazione, il proibizionismo non serve».

Una società felice è una società dove c'è meno bontà ma più diritto. Il nostro Governo e la nostra Chiesa ci offrono come carità ciò che dovrebbe essere un diritto. La nostra curia e ogni cristiano devono andare incontro a chi è diverso. Basta con questi principi non negoziabili, basta con i tabù: oggi abbiamo bisogno di una Chiesa che ascolti e che si nutra di creatività piuttosto che di paure.

Sono queste le parole che Don ripete tutte le volte che ha la possibilità di parlare in pubblico.

Don Gallo nel 1965 diventa viceparroco alla chiesa del Carmine, in un quartiere popolare di Genova «di portuali e operai, con abitazioni inagibili e un mercato rionale quasi indecente. Giravo nei vicoli, sostavo tra i banchi, passavo in edicola, discutevo con il salumiere che era convinto che mi piacesse il prosciutto ma comprassi la mortadella perché ero tirchio e volevo spendere meno» ricorda Don.

Erano gli anni della fine del concilio Vaticano II. Gli anni in cui la Chiesa decise di leggere i segni dei tempi. La guerra del Vietnam. Facciamo l'amore e non la guerra, era lo slogan del movimento pacifista americano. Da noi, dopo la rivolta francese, nasce la contestazione, il movimento studentesco che vuole la riforma della scuola, i giovani entrano sempre più nel sociale.

«Alla messa di mezzogiorno trattavo i temi di attualità, ero nettamente schierato al fianco degli ultimi, cominciai a tenere due leggii: da una parte il Vangelo, dall'altra il giornale» scrive don Gallo ricordando quei giorni che segnarono il suo futuro.

La Chiesa poteva sopportare un prete così? No. Nel 1970 dopo averlo fatto spiare dal parroco che registrava di nascosto le sue prediche, decise di trasferirlo.

La goccia che fece traboccare il vaso e che aveva fatto scatenare l'indignazione dei benpensanti fu la predica all'indomani della scoperta di una fumeria di hashish nel quartiere.

«Invece di inveire contro chi rollava qualche spinello ricordai quanto fossero diffuse e pericolose altre droghe, per esempio quella del linguaggio, talmente fuorviante che poteva tramutare il bombardamento di popolazione inerme in un'azione a difesa della libertà».

La curia lo accusò di fare politica invece di predicare il Vangelo. I teologi della Chiesa lo accusarono di essere comunista: «I contenuti delle sue prediche non sono religiosi ma politici, non cristiani ma comunisti».

Don Gallo era riuscito a trasformare la parrocchia del Carmine in un luogo di aggregazione, di confronto per giovani e adulti, un punto di riferimento per tutti: dai cattolici ai militanti della nuova sinistra.

I parrocchiani fecero manifestazioni di solidarietà contro il suo trasferimento, scrissero una lettera al vescovo (che non ebbe mai risposta), accompagnata da 2370 firme.

Così don Gallo, nell'estate del 1970, saluta i suoi parrocchiani: «È vero, esiste un profondo dissenso fra me e la curia , ma un dissenso di amore e di profonda, convinta ricerca della verità. La cosa più importante è che si continui ad agire perché i poveri contino. Ci incontreremo ancora. Ci incontreremo sempre. In tutto il mondo, in tutte le chiese, le case, le osterie. Ovunque ci siano uomini che vogliono verità e giustizia».

Il giorno che ho incontrato Andrea Gallo ero convinto di trascorrere con lui alcune ore che poi sarebbero servite per realizzare questo libro, invece non è stato così, cioè non è stato solo quello. Mentre sto scrivendo, ripenso a quei momenti. Lo vedo dietro alla scrivania stracolma di lettere e di libri, nel suo studio che lui chiama archivio, forse con ragione. Ricordo la luce prima e la penombra poi che hanno accompagnato il trascorrere delle nostre ore, e non dimentico come, ogni tanto, guardava la foto alla sua sinistra, quella di Giovanni XXIII, che lui chiama "il Papa", il suo sguardo, sempre con un accenno di sorriso sulle labbra. Quel giorno ho capito quanto possono far bene le sue parole, al tal punto che sembra di averle sempre sentite. Don Gallo è indimenticabile per come tratta il suo inseparabile Toscano, rimane con lui anche quando mangia, è il suo vecchio caro amico, il compagno di sempre. Mi auguro di essere riuscito, nelle pagine che seguono, a trasmettere quello che ha rappresentato per me l'incontro e che le parole di Don aiutino il lettore come hanno aiutato chi scrive. Per quell'incontro e per i tanti altri ringrazio Cinzia Monteverdi, che ha prodotto e diretto *Angelicamente anarchico* e l'editore Francesco Aliberti che mi ha proposto di aprire questa collana di interviste con il Don.

Don Gallo così si è raccontato: «Nella vita mi hanno apostrofato in ogni modo: chierico rosso, prete comunista, protettore dei tossici. Ma si sono dimenticati che sono anche amico delle prostitute, dei deviati, dei balordi, dei borderline, dei migranti, di tutti coloro che viaggiano ai margini della società. Un prete da marciapiede, insomma. È lì che vivo, ogni giorno e ogni notte, cercando la speranza insieme alle persone che incontro. È lì che mi è stata insegnata la vita. Il posto di un prete è fra la gente: in chiesa, per strada, in fabbrica, a scuola, ovunque ci sia bisogno di lui, ovunque la gente soffra, lavori, si organizzi, lotti per i propri diritti e la propria dignità».

Questo è il Don che tutti conoscono. Com'eri da ragazzo? Cosa pensavi? Perché hai deciso di entrare in seminario per prendere i voti? Chi sono i tuoi maestri che ti hanno portato a essere quello che sei, un prete da marciapiede, come ami definirti?

Loris, ti parlo di quando ero ancora laico, prima della conversione. A quindici anni ero in Marina. Ero un ragazzo molto educato, studiavo al liceo nautico di Genova. A quindici anni meno un mese feci il giuramento. Mi ricordo ancora il numero di matricola: 09645, credo che sia tutto scritto negli archivi. Sai cosa significa lo zero davanti al numero?

No.

Volontario.

Perché hai scelto il liceo nautico?

Sono nato a Genova. Quello che mi piace è che Genova è un porto. Vuol dire che accoglie tutti. Io mi sento portuale. Da ragazzino vedevo cinesi, neri; ho sempre amato il porto. Il Duce aveva detto che dovevamo conquistare il mondo. Se non avessi fatto il prete avrei voluto fare il marinaio.

Quando pensi a Genova ti capita di dire: «Questa è la mia città?»

No. Io dico: «Sono a casa». Quando sono ad Ancona, a Roma, divento matto. Mi offrono alberghi. No, rifiuto e torno a casa. Come sono vicino a Genova comincio a sentire gli odori della mia terra.

Quando eri ragazzo, credevi veramente che Mussolini avrebbe conquisto il mondo?

Sei matto. Certamente no, ma ero cresciuto con le regole fasciste. Eravamo tutti dei soldatini. Era il 1943, l'anno in cui scoppiò l'8 settembre. A luglio avevo compiuto quindici anni e proprio il giorno del mio compleanno, il 18, viene considerato il più caldo della storia. Luglio per me è sempre stato un mese importante: c'è la festa della Madonna del Carmine, che poi nel 1964 è diventata la mia parrocchia, lì è cambiata la mia vita. Sempre a luglio, nel 2001, c'è stato il G8 di Genova. In quei quattro giorni ho partecipato a tutti i cortei con i giovani che chiedevano: «È possibile costruire un mondo migliore?» Quanti lacrimogeni. Mi ricordo che ci sono volute due ore per poter vedere di nuovo.

Ho fatto parte dei garanti del Genova Social Forum, dopo l'omicidio di Carlo Giuliani e i vari pestaggi, avevo chiesto una Commissione parlamentare d'inchiesta. Il Governo Berlusconi di allora si rifiutò. Era nel programma di quello di Prodi ma non si è fatto nulla lo stesso. Per fortuna che i pubblici ministeri hanno svolto un lavoro eccezionale a sostegno della verità.

Torniamo al '43. Mio fratello era tenente del reggimento genio pontieri, aveva otto anni più di me, anzi, sette e mezzo, classe 1921. Era stato trasferito a Milano quando il suo reggimento, di complemento, doveva partire, addirittura per la Russia.

Man mano che i soldati italiani morivano nella terra di Dostojevskij, prendevano gruppi dal genio pontieri e li mandavano al massacro. Mio fratello si era salvato perché due mesi prima, dopo i bombardamenti a tappeto di Milano del '43, il suo reparto era stato trasferito lì per ripulire le macerie. Era facile trasferire un reggimento di pontieri: avevano zappe, badili, camion, avevano tutto. Arrivarono a Milano e misero le tende nel parco di villa Manzoni.

Scoppia l'8 settembre. Non c'erano molte alternative: o andare con i fascisti a Salò o la fuga. Per le strade sparavano a chiunque non fosse uno di loro. Alla fine del mese a Genova, di nascosto, tornarono a casa i primi militari che non avevano aderito alla Repubblica di Salò. Di mio fratello nessuna notizia.

Io ero tornato a Genova da La Spezia. In casa non avevamo nemmeno il telefono. Per una famiglia povera come la nostra era difficile riceve notizie. Ogni tanto qualcuno ci forniva qualche informazione. Il 25 luglio, con la caduta di Mussolini, avevamo sperato nella fine della guerra. Con Badoglio, invece, si continuava a sparare. Il maresciallo aveva messo perfino le stellette ai pompieri, che avevano il compito di recuperare i morti.

Tutti in città indossavano le camicie grigioverdi, quelle nere le avevano solo gli appartenenti alla milizia.

Come si chiamava tuo fratello?

Bernardo, ma tutti lo chiamavano Dino. Dino divenne anche il suo nome di battaglia. Subito dopo l'8 settembre era entrato nella Resistenza ed era al comando di una brigata di partigiani. Ai primi di novembre, ricordo che era sera, sentimmo bussare alla porta di casa, andai io ad aprire. Mi trovai davanti il mio fratello ufficialetto. Dino era finalmente tornato. Lo consideravo un mito, lui era il mio mito. Puoi immaginare: baci e abbracci a me, a mamma e a papà. Lo avevamo dato per disperso, invece era lì, con noi. Da mesi non avevamo più sue notizie. Fu Dino a informarci della nascita della Resistenza.

Per me fu una vera sorpresa, il tanto esaltato asse Roma-Berlino-Tokio ormai non esisteva più.

«Cosa decidi?» mi chiede mio fratello. «A ogni modo io rientro immediatamente nella Resistenza, tu fa quello che ti senti». Io non conoscevo nemmeno il significato della parola "democrazia", figuriamoci quello di Resistenza. Gli insegnanti non ne parlavano, avevano la responsabilità di inculcarci una certa cultura. La parola "resistenza" non l'avevo mai sentita dire, non esisteva neanche sui vocabolari.

Quei giorni trascorsi con Dino furono importantissimi. Capii l'importanza della lotta per la Liberazione. Mi parlò di valori, del concetto di libertà. Aprii gli occhi sul nazifascismo.

Scegliere da che parte stare anche per me fu facile. «La Resistenza è stato il movimento di un popolo che non rivendicava qualcosa per sé, ma chiedeva un diritto per tutti: la libertà per un intero Paese, anzi per tutto il mondo, dal folle progetto nazifascista».

Su quei valori cominciò il mio percorso di vita. Sono un miracolato, prima che da Dio, dal fascismo.

La consuetudine del liceo era che tutti gli allievi si arruolassero in Marina. Io appartenevo alla classe del '28, ero tra quelli citati nel famoso manifesto che nel 1944 tappezzava i muri di Genova: «Tutti i militari devono presentarsi, chi non si presenterà entro il tal giorno, sarà passato per le armi». Lo ricordo come se lo stessi vedendo appeso ora.

Ero ancora un ragazzo, decisi di disertare e di seguire mio fratello entrando nella Resistenza. Diventai una staffetta.

I fascisti pubblicarono tutti i nomi dei disertori, per fortuna dimenticarono il mio. "Nan" era il mio nome di battaglia, diminutivo di "Nasan", che in genovese significa nasone che era il soprannome che mi avevano dato a scuola, a causa del mio naso prominente. Capii che il mio lavoro poteva essere prezioso: avevo già avuto esperienze con le armi.

Ricordo il giorno dei morti del '44. La linea ferroviaria per la valle Sura era interrotta per lavori. La galleria del Turchino era presidiata dai tedeschi giorno e notte. Le persone passavano una alla volta con i documenti alla mano. Ero figlio di ferroviere, per questo avevo una tessera particolare, marrone, con le stampine dello Stato. Ogni volta che a un posto di blocco mi fermavano la facevo vedere. Quando arrivavo al controllo con il dito indicavo la classe perché dimostravo più anni, ero già fisicamente ben sviluppato. Arrivò il mio turno. Un tedesco con elmetto e cappotto – eravamo a novecento metri e faceva già molto freddo – puntandomi il fucile mi chiese i documenti. Feci il solito gesto con la mano quando la guardia tedesca cominciò a gridare. Non capivo nulla di quello che diceva. Tentai di fargli capire che la fila era lunga e la stavamo rallentando inutilmente. Proprio scemo non lo ero. "Non conoscerà mica tutti i disertori a memoria, poi il mio nome non era tra quelli segnalati" pensai. Mi fece uscire dalla fila, posò il fucile e tirò fuori il suo documento facendomi capire, continuando sempre a urlare, che era nato nel '29, più giovane di me, e che io non stavo facendo il mio dovere. Le persone, in fila, che avevano assistito a tutta la scena, cominciarono a dire che ero ancora un bambino, che avevo poco più di sedici anni. Ho temuto che chiamasse l'ufficiale di guardia.

Stavi trasportando qualcosa?

Avevo qualche carta nelle scarpe: ordini per la brigata. Alla fine il tedesco mi fece passare. Me la sono cavata.

Dopo il 25 aprile 1945 ricordo un altro giorno di grande gioia e di grande significato. Era la primavera del '46, elezioni amministrative, per la prima volta le donne ebbero la possibilità di votare.

La Resistenza ha portato anche questo: il voto universale per tutti, uomini e donne che avevano compiuto la maggiore età, ventun'anni. Ricordo la gioia di mia mamma, delle zie, che non avevano mai votato prima di allora. Mia mamma, che era del 1895, aveva vent'anni nel 1915, quando scoppiò la Grande guerra, il voto lo sentiva come un diritto. Rammento le lunghe code, con tutte le donne in fila. Che dolore vedere oggi, dopo tanti anni, che la democrazia è subordinata alla sicurezza.

Come erano i tuoi genitori?

Mia madre era una donna molto saggia. Mio papà stava sempre zitto. Un pezzo d'uomo col cappello d'alpino sempre in testa: artiglieria da montagna. Era un reduce della Grande guerra, ferroviere di Campo Ligure. Un giorno portai a casa la pagella. In fondo c'era scritto: «Andrea Gallo: ariano». Lui scosse la testa, disse: «Si sono sbagliati, noi siamo razza di Campo». Era ignorante ma aveva capito tutto. Anche lui mi ha insegnato tanto.

Tuo fratello, mito e maestro, i valori della Resistenza fondamentali per la tua formazione, come nasce la tua vocazione?

Sono nato in una famiglia cattolica, di un cattolicesimo essenziale, non bigotto, tipo Vangelo. Oggi quando sento parlare di religione, dico: «Gesù non ha scelto il palazzo, è venuto al mondo in una mangiatoia. Gesù non voleva fondare una religione. Gesù ha portato un messaggio: chi vuol venire dietro di me mi segua, e via. La Chiesa, secondo l'esempio del figlio di Dio, è sale, è lievito, è chicco di grano». Gesù va verso gli altri. Mi guardo attorno e penso: "Meno male che il futuro non dipende dalla fede cristiana, ma dipende dai governi, da qualunque Governo. Il futuro non dipende dalla gerarchia ecclesiastica o dai Teodem, i conservatori democristiani del Partito democratico". Penso anche che per verificare la fede cristiana non si dovrebbe andare al meeting di Rimini, quello organizzato da Comunione e liberazione, e non dovrebbe esistere la banca vaticana dello Ior, che è stata creata da un papa: Pio XII.

Loris, Gesù non fonda una religione, non lo ha mai pensato, non fonda neanche una cultura: Gesù visita tutte le culture.

Io ho sempre avuto fede, me l'hanno trasmessa mia nonna e mia madre. Ho capito a un certo punto della mia vita che dovevo coniugare il mio impegno civile con la mia fede.

Un giorno il cardinale Dionigi Tettamanzi, quando era arcivescovo di Genova, lo abbiamo avuto per sette anni, mi dice: «Tu hai fatto i salesiani?» «Io sono stato compagno di università del cardinale Bertone» gli rispondo. «Ti ricordi qualche docente? Ho insegnato a Venegono parecchi anni. Magari conosci qualcuno che ha insegnato con me». «Non mi ricordo nessuno. Fate di quelle zuppe voialtri...» Tra noi c'è un buon rapporto, a lui piace il dialogo scherzoso. «Eminenza, una docente me la ricordo, è una donna, sì proprio una donna» aggiungo. «Ah sì! Ma come, i salesiani così misogini! E chi è?» mi chiede. «Mia mamma» gli rispondo ancora, «aveva la terza elementare, mi ha trasmesso il messaggio evangelico». E vai. Mia madre aveva novantasei anni quando venne all'inaugurazione della cascina di Visone, il vescovo le disse: «Signora ha visto che bella comunità ha messo in piedi suo figlio?» Lei rispose: «Eminenza, don Gallo non è mio figlio, è figlio di don Bosco».

Mia madre mi ha sempre ricordato la mamma di don Bosco, Margherita. Quando don Bosco diventa prete nel 1841, gli dice: «Giovanni, ricordati sempre i poveri e i contadini». Lei si riferiva ai benefici ecclesiastici. Poi aggiunge: «Se diventi ricco io non ti riconosco più». Che insegnamento gli ha dato una vedova contadina, semianalfabeta.

Don Bosco lascia l'incarico presso la marchesa di Barolo a Torino per dedicarsi ai ragazzi. Trova un casolare mezzo diroccato ma con la tettoia ancora intatta e non pericolante, don Bosco la fa diventare il suo primo oratorio: la tettoia Pilardi, dal nome del proprietario. Margherita lo raggiunge percorrendo a piedi tutta la strada da Castelnuovo d'Asti a Torino con una cavagna, un'enorme cesta di vimini che le donne portavano sulla testa.

Incontro don Bosco a vent'anni. Tra ragazzi si giocava sempre a pallone. Un giorno, proprio su di un campo di calcio, conosco il salesiano don Piero Doveri, un prete straordinario. È lui che ha cambiato la mia vita. La gioia di vivere con gli altri e per gli altri di questo prete mi ha completamente fulminato.

Dovevi vedere il rapporto che aveva con i suoi ragazzi: aperto, democratico, pieno di allegria, lo stesso che poi ho scoperto in don Bosco.

«E se diventassi anch'io un prete di don Bosco?» mi sono chiesto. «Per me i salesiani possono essere una rivincita, un'occasione di riscatto. Diventando educatore posso stare a contatto con i ragazzi, cercando di aprire la loro anima, di aprire le loro potenzialità nella libertà, nella giustizia, nella democrazia, nel bene comune, nella pace».

Quando entrai per il noviziato, venni a sapere che i salesiani avevano da tanti anni un liceo al Cairo, dove la maggioranza degli allievi era musulmana. Questo mi fece intuire che avevano una certa apertura mentale. Così trovai la mia vocazione: don Bosco mi ha dato Gesù.

Cosa significa che don Bosco ti ha dato Gesù?

Io non son portato all'illuminazione o altro. L'incontro è come uno scambio di biglietti da visita. Gesù mi ha dato il suo biglietto: «Son venuto per servire e non per essere servito». Seguendo l'esempio di Gesù, tutte le volte che c'è da servire io ci sono.

La chiesa nella *polis*, nella città, dovrebbe essere al servizio, ma attento, al servizio degli altri, standone al di sotto, accogliendo con gioia il confronto e aprendo le braccia a tutti. Dovrebbe essere un presidio di autentico umanesimo, dialogo costante, luogo di confronto tra socialità diverse. Esattamente come dice Gesù: «Son venuto per servire». Invece la Chiesa continua a guardare a sé, per sé e con sé, confondendo fede e politica. Si arriva così, inevitabilmente, alla religione civile. *Instrumentum regni*, strumento di regno, la religione come strumento per tenere il popolo sottomesso, come nei secoli passati.

Tuttora esiste la manipolazione delle coscienze. Mi mandino pure al rogo per quello che dico. Questo è ciò che penso. Quando sono entrato in seminario ho faticato a dover riprendere in mano i libri. Avevo studiato al nautico, dove nei primi quattro anni c'era il latino. A vent'anni l'ho dovuto riprendere e studiare anche il greco. Una fatica... Meno male che la regola dei salesiani consentiva ai chierici di svolgere un tirocinio pratico, tre anni a volte anche quattro, in una missione. Finalmente arrivo in teologia.

Nel 1953, ero ancora chierico, dissi al mio superiore: «Io me ne andrei nelle terre di missione». Questo salesiano mi rispose: «Visto che stai per andare in teologia, abbiamo aperto un istituto a San Paolo del Brasile».

Quanti anni avresti dovuto rimanere in Brasile?

Dovevo fare tutta la teologia, mi avevano assegnato alla Ispettoria salesiana di Recife che vuol dire tutto il Rio Negro fino alla foresta Amazzonica. Capii sin dall'inizio che in Brasile la predicazione e la politica si mescolavano. Quella terra era attraversata da un forte populismo. All'ateneo di San Paolo ogni mese si faceva una manifestazione patriottica. Tutti gli allievi venivano fatti schierare in perfetta divisa paramilitare, con i superiori in prima fila, in un tripudio di bandiere. Era essenziale dare un'immagine positiva dell'intero sistema, invece bastava andare nelle periferie delle città per incontrare miseria e disperazione.

Entrare in contatto diretto con queste incoerenze e disparità mi procurò molti pensieri e dubbi, mi agitò profondamente. Mi chiedevo quale avrebbe dovuto essere il mio mondo: in mezzo all'umanità sofferente o nella messa in scena militare?

Dopo due anni, meno male, incontrai l'ispettore provinciale don Antonio Barboso, che successivamente diventò vescovo in Brasile. Gli dissi: «Guardi che se io sto qui divento matto». Mi capì profondamente.

Mi diedero, per il viaggio di ritorno, venticinque dollari in una busta e il biglietto. Nel 1954 era una cifra enorme. Mi accompagnarono a Santos al porto e mi imbarcarono.

Rientri dal Brasile e dove continui gli studi di teologia?

A Ivrea. Lì incontrai il cardinale Tarcisio Bertone, l'attuale segretario di Stato Vaticano, prima ancora arcivescovo di Genova. Studiammo insieme teologia. All'università cominciarono i miei dubbi. Pensa che in ateneo riuscii a organizzare la festa del Primo maggio. Rappresentavamo ventiquattro nazioni. Io ero l'oratore ufficiale. Mi presentai con il foulard rosso al collo. Non ti dico, lì per lì, lo stupore dei miei superiori, poi non è successo nulla.

Durante le lezioni obiettavo in continuazione, lo facevo non per puro senso critico, perché volevo capire. Se ci penso vedo ancora il professore nella grande aula magna, gremita di studenti. «*Finis principalis matrimoni procreatio est, ad secundum re medium concupiscientiae*»: fine principale del matrimonio, la procreazione; secondo fine, rimedio alla concupiscenza; solo terzo, l'amore tra i coniugi. Era ancora una concezione piuttosto medievale. Il fine principale della Chiesa deve essere l'insegnamento dell'amore, anche nel sacramento del matrimonio. I ministri sono gli sposi perché sono loro che dicono di sì. Io intervenivo: «L'amore non viene prima di tutto? La maternità responsabile, la scelta degli sposi che da soli si devono amministrare? Io credo assolutamente nell'etica della responsabilità». E immancabilmente la risposta era: «Gallo, dal magnifico Rettore». Durante la preparazione per diventare confessore dicevano sempre: «Quando confessate dovete chiedere: ti tocchi? Quando ti tocchi senti piacere? Se risponde sì è peccato». Avevamo tutti tra i venticinque e i trentacinque anni. Io ribattevo: «Scusi, mi vuole spiegare: se uno prova piacere come fa a essere peccato? È possibile che il Padreterno sia lì a sorvegliare?» «Gallo, dal magnifico Rettore» la risposta. Quello che mancava era l'educazione sessuale, abbondava, invece, il moralismo. Da allora non è cambiato nulla.

Il concilio Vaticano II aveva dato importanza all'autodeterminazione, al valore dell'amore. Noi cristiani dovremmo imparare ad accettare il dono dell'eterosessualità, dell'omosessualità e anche della transessualità.

Alla fine del 2009 è nata l'associazione dei trans. Mi hanno invitato. Mi dovevano consegnare la tessera numero uno. C'erano: Luxuria, la mia amica Regina di Viareggio che ha un bel locale, e tante altre mie conoscenze. Mentre si stava svolgendo l'assemblea, qualcuno disse: «Dobbiamo eleggere un presidente». E qualcun altro rispose: «Il presidente ce l'abbiamo già: è don Gallo».

Hai accettato?

Sicuro. Sono il presidente dell'associazione trans Princesa. Il nome è stato preso da una canzone di Fabrizio De André.

Sono la pecora sono la vacca
che agli animali si vuol giocare
sono la femmina camicia aperta
piccole tette da succhiare.
Sotto le ciglia di questi alberi
nel chiaroscuro dove son nato
che l'orizzonte prima del cielo
ero lo sguardo di mia madre
"che Fernandino è come una figlia
mi porta a letto caffè e tapioca
e a ricordargli che è nato maschio
sarà l'istinto sarà la vita"
e io davanti allo specchio grande
mi paro gli occhi con le dita a immaginarmi
tra le gambe una minuscola fica.

La notizia il giorno dopo è sui giornali, e viene data in modo un po' pruriginoso. Squilla il telefono: «Sono il segretario di sua Eminenza». «Mi dica». «Sua Eminenza domani l'attende in udienza». «A che ora?» «A mezzogiorno».

Il giorno dopo vado dal cardinale Bagnasco. Ne ho già avuti cinque di vescovi.

«Si sieda don Gallo. Come va la salute?» Mi dice. «A pezzi» gli rispondo. «Come la mettiamo coi transessuali?» «Eminenza, scusi, mi sembra che l'amore sia al centro di tutto». Il colloquio è finito lì. Dopo qualche mese l'associazione ha avuto un incontro ufficiale con il cardinale. In quell'occasione Angelo Bagnasco ha detto: «Siamo figli del peccato originale. Tutti possiamo cadere nell'errore, possiamo peccare anche se siamo responsabili delle nostre azioni. Cristo è morto in croce per la salvezza di tutti, non spetta a me giudicare. Le porte di Dio sono aperte a tutti».

Un colpo alla botte e uno al cerchio. Esattamente come la Chiesa si è comportata nei confronti dello scandalo pedofilia.

Il mio primo pensiero va alle vittime, per le quali mi auguro che ci sia almeno il risarcimento economico. Per loro deve esserci giustizia, anche nei confronti di Dio. Le alte gerarchie, quando lo scandalo è diventato pubblico, hanno dichiarato: «È un complotto. Una congiura». Io invece ho urlato a chi governa la Chiesa: «Non avete ancora capito che è il popolo cristiano che grida. È vero che sapevate e avete taciuto? Perché avete insabbiato?» Dio manda i segnali. Papa Giovanni avrebbe detto: «È un segno dei tempi».

Cosa significa?

Crolla il tempio. Ho ascoltato lo sdegno di papa Ratzinger. Senza voler gettare fango sul successore di Pietro, ma a Monaco di Baviera era addirittura arcivescovo. Ora grida. «Ma cosa gridi?» Mi verrebbe da dirgli. Sono arrivate, finalmente, le dimissioni dei vescovi in America. Ce n'è voluto. La Chiesa li aveva coperti tutti. La "banda" si deve sempre salvare. Invece non si salverà nessuno. Fossimo stati all'epoca dei roghi, questi empi sarebbero stati bruciati. Sono prete da oltre cinquant'anni, sento su di me la responsabilità di quella sciocca, ipocrita, demenziale educazione alla sessualità. Nella Chiesa siamo tutti responsabili, nessuno escluso: comunità parrocchiali e comunità religiose, seminari. Tutti responsabili.

Il tuo compagno di università, il cardinale Bertone, segretario di Stato, prima ha tentato di nascondere tutto, poi ha ipotizzato un collegamento tra omosessualità e pedofilia.

L'omosessualità è uno status naturale, mentre la pedofilia è una patologia. Come si fa a dire una cosa del genere. Lui considera l'omosessualità un peccato e il peccato reato. Non è vero. Non sta a lui dire che è un reato, c'è la magistratura con cui bisogna collaborare. Basta.

Secondo te come farà la Chiesa a uscire da questa vicenda?

Lo dico quando parlo in pubblico: «La riforma della Chiesa, se non parte da voi, che dite di essere cattolici, cristiani, da chi deve partire? Quando la situazione di ingiustizia e miseria contraddice il disegno divino non possiamo non prodigarci per una trasformazione». Stiamo assistendo al crollo della Chiesa. Sono anni e anni che è in silenzio. Un silenzio assordante, vergognoso, ed è persino scontato che poi la devianza scoppi.

Tutto il sistema deve essere cambiato. Nella Chiesa madre, come nelle famiglie più praticanti, ci vorrebbe uno scatto d'orgoglio. Non è possibile che l'unica monarchia rimasta sia la Chiesa, che è stata fondata da Gesù. È l'unica monarchia assoluta rimasta sul pianeta. Chi è al vertice ha nelle mani potere legislativo, potere giudiziario e potere esecutivo. Roma occulta, causa finita. *Nulla salus extra ecclesiam,* al di fuori della Chiesa non vi è salvezza. Non è vero che questo è quello che voleva Gesù.

Alcuni amici che erano vicino a Giovanni Paolo I, mi hanno detto che papa Luciani, appena arrivato in Vaticano, che è una delle meraviglie del mondo con i suoi musei, le basiliche, i giardini, volesse venir via per andare a vivere in un'altra sede, perché lo considerava una reggia. Seguendo le orme di Gesù voleva fare il papa in povertà. In conclave disse: «Sono il successore di Pietro, vescovo di Roma, non farò il monarca». La Chiesa è la reggia più potente del mondo. Loris, così non può andare avanti. Lo si capisce anche dal calo delle vocazioni. Devono affrontare l'argomento della sessualità, la fissazione della procreazione, l'anticoncezionale. Sono completamente fuori dalla realtà. Persino Pio XII se ne rese conto guardando alla scienza. La donna nel suo ciclo mensile per più di venti giorni è sterile. Come mai è sterile? Quando è sterile non fa l'amore? Il piacere no? La Chiesa vive una contraddizione terrificante. L'anticoncezionale? Il celibato obbligatorio? Il ruolo delle donne? Quale è l'educazione sessuale che sta dando la Chiesa?

Le nostre curie sono diventate enclave di conservatorismo, sempre pronte alle crociate, basta vedere quello che è successo a proposito della legge 40, la fecondazione assistita e sui Dico, vale a dire sui diritti e i doveri delle persone stabilmente conviventi, i gay. Sono tanti gli esempi che potrei citare.

Al di là delle battute cosa pensi del segretario di Stato, il cardinale Bertone, tu che l'hai conosciuto bene all'università?

Quando l'ho conosciuto era un ragazzo buono, modesto, che alla fine del corso rimase in ateneo per specializzarsi in diritto canonico. Ricordo che mi disse, in occasione dei referendum per la fecondazione assistita: «Don Andrea non andrai mica a votare?» Gli risposi: «Il legislatore ha messo il quorum per spingere i cittadini ad andare a votare, perché la legge deve essere condivisa. L'essenza della democrazia è la partecipazione. Se ho dei dubbi lascerò la scheda bianca». «Ma è una questione delicata» replicò. «Eminenza, appunto perché è una questione delicata vado a votare».

Dieci giorni prima del referendum fece mandare una lettera firmata dal vicario generale, che è anche vescovo ausiliario, invitando a non andare a votare. Abbiamo fatto la stessa università teologica, abbiamo avuto gli stessi maestri, non ho mai capito come è potuto diventare segretario di Stato. Quando Bertone andò a Cuba con papa Wojtyla, mi portò un sigaro che gli aveva dato Fidel Castro, lo conservo ancora. A un certo punto gli è scattata l'ambizione, la voglia di fare carriera. Diventa arcivescovo di Vercelli prima, poi il numero due del cardinale Ratzinger, segretario della Congregazione della dottrina della fede, arriva a Genova quando Tettamanzi va a Milano. Il papa lo ha mandato da noi per farlo diventare cardinale.

Quando viene nominato papa Ratzinger, come da prassi, il segretario di Stato uscente gli propone una terna di nomi scelti tra i nunzi che si sono messi in luce. Benedetto XVI sceglie uno dei tre? No, sceglie Bertone che non ha mai fatto un giorno di accademia diplomatica. L'anno dopo è stato nominato camerlengo di sacra romana Chiesa, che ha il compito di presiedere la Chiesa dopo la morte del papa fino alla fine del conclave.

Hai visto che figura ha fatto quando è andato in Cile? Prima ha detto che la pedofilia e l'omosessualità sono la stessa cosa, scatenando un putiferio. Successivamente ha affermato che la Chiesa non è una democrazia. *Belin*, altro che democrazia la Chiesa è la comunione, è l'amore. La democrazia ha le sue regole, i cristiani devo-

no dare l'altra guancia. Bertone diventerà papa.
A proposito del papa, ti racconto una barzelletta sul cardinale Siri.

Papa Giovanni sta morendo, respira a fatica e lui lo va a trovare. Si avvicina al capezzale e gli dice: «Santità, tutto il popolo prega per lei, perché Dio conceda ancora la sua guida illuminata». Papa Giovanni con un filo di voce gli risponde: «Eminenza va bene ma... tolga il piede dal tubo dell'ossigeno».

Anche alle ultime elezioni, che si sono caratterizzate per l'alta percentuale dei non votanti, hai fatto il tuo dovere di cittadino?

Sicuro, vado sempre a votare. Il voto è l'humus della democrazia. L'ho sempre fatto e continuerò a farlo. Prima mi informo, se sono nel dubbio posso anche lasciare la scheda bianca. A votare ci andrò sempre. Lo dovremmo fare tutti, altrimenti che ne sarà della democrazia.

Quando hai firmato l'appello di «Micromega», insieme ad altri quaranta, tra preti e religiosi, contro la legge sul testamento biologico che era in discussione al Senato, cosa è accaduto?

Quella legge nega i principi di libertà e dignità della persona, sanciti dalla Costituzione. È una truffa, una feroce truffa. Il concilio Vaticano II afferma: «L'uomo può rivolgersi al bene soltanto nella libertà».

Di fronte al caso Englaro, cito le parole del parroco di Paluzza pronunciate al funerale di Eluana: «Chi sono io per giudicare». Le rivolgo al ministro Sacconi che dopo il voto al Senato ha esultato dicendo: «D'ora in poi non sarà possibile un altro caso Englaro».

Quando sono stato convocato dal cardinale Bagnasco, a causa della presidenza dell'associazione dei trans, prima di essere congedato mi ha detto: «A proposito, ti devo richiamare ufficialmente, senza scriverti, per aver firmato quel documento che è stato pubblicato su "Micromega". È arrivata la comunicazione dalla Congregazione per la dottrina della fede con allegato il documento. Sono solo venti righe, le ho lette, non avete citato la gerarchia ecclesiastica, è un consiglio che, voi firmatari, avete dato ai senatori sul testamento biologico. Per averlo firmato ti devo richiamare». «Mi scusi eminenza, è di sei mesi fa». Poi aggiungo: «Qual è la posizione ufficiale della Chiesa sul testamento biologico?» E Bagnasco: «Bisogna ricordare che l'idratazione e l'alimentazione non sono accanimento terapeutico. Don Gallo, così stanno le cose». «Eminenza, chi glielo ha detto? Lei non è manco infermiere. Chi glielo ha detto che non è accanimento terapeutico?»

Di fronte a tanto oscurantismo, stavo per agguantarlo. Mi sono trattenuto. Gli ho ribadito, nella mia piccolezza, che con questa posizione, la Chiesa non vuole rispettare il patrimonio di valori che ha la persona, al di là che sia credente, agnostica o atea. Bisogna creare un dialogo, anzi bisogna stimolare un confronto. Ecco il nucleo dell'insegnamento di Gesù. Stimolare la cultura perché attinga dal suo patrimonio, non imporla. Solo così si rispetta il disegno di Dio quando dice nella Genesi: «Facciamo l'uomo a nostra immagine e somiglianza».

Quelli che non sono battezzati sono o non sono figli di Dio? Per essere figli di Dio bisogna essere battezzati?

La laicità arriva alla radice dell'uomo. Le religioni, tutte, devono essere rispettate e anche aiutate. Si deve entrare nell'essenza della laicità, che è il rispetto di qualunque valore.

Sono uscito, caro Loris, piangendo dentro, perché non sono capace di piangere. Ne ho visto ormai tante. Mentre attraversavo la curia constatavo che era deserta. Chissà perché a Genova chiude a mezzogiorno? "Questa è la mia Chiesa, io l'amo" mi sono detto. Quell'incontro mi ha distrutto. Quando ci si batte perché la legge sul testamento biologico rispetti i principi di libertà e dignità della persona o si è a favore dell'interruzione, come nel caso di Eluana, ti accusano di volere autorizzare la morte. No, no, no, questa sarà sempre la mia risposta. Noi vogliamo una legge che rispetti la decisione del singolo.

«Voi volete provocare la morte?» è l'accusa che ci viene fatta. La mia risposta sarà sempre: «No. Noi vogliamo rispettare il disegno della natura». È diventata solo una questione di potere. La Chiesa fa come le tre scimmiette: non vedo, non sento, non parlo.

Prendiamo il disastro ambientale. La Chiesa dovrebbe intervenire in modo energico, l'ambiente è opera di Dio. Dovrebbe sostenere l'energia rinnovabile come il sole, il vento, il mare, che non pregiudicano le risorse naturali e non creano danni alla salute degli esseri viventi. Se Dio è il creatore significa che non rispettando la terra, offendendola, si offende chi l'ha creata, cioè Dio.

Vai a leggerti la lettera *Dominus Iesus* scritta dal cardinale Ratzinger quando era a capo della Congregazione per la dottrina della fede nel 2000, voluta da papa Wojtyla. È una riflessione teologica «sull'unicità e l'universalità salvifica di Gesù Cristo nella Chiesa». Praticamente si afferma: «Noi siamo la verità», mettendo da parte l'apertura del concilio Vaticano II verso le altre Chiese. Questa è idolatria, questo è voler sentirsi Dio. È il potere teocratico.

Quando Ratzinger fu nominato papa, la prima cosa che ho pensato è stata la seguente: «Se come primo atto non ritira la *Dominus Iesus*, parte con il piede sbagliato».

Lì sta scritto anche che «la pienezza della verità si trova soltanto in seno alla Chiesa cattolica». La Chiesa cattolica non può fare a meno della profezia, quindi non può fare a meno della laicità. Io cammino come pellegrino da cinquantun'anni e la nostra comunità esiste ormai da

43

quasi quaranta, le mie fonti sono la strada, i piccoli e grandi uomini, i comici. La Chiesa può essere cristiana solo se è umana, cioè laica e povera.

Paolo Rossi un giorno mi ha detto: «Tu stai cercando di convertire i cattolici al cristianesimo». In quell'occasione mi ha regalato una maglietta con su scritto: «Dio c'è», poi sotto «ma non sei tu», sotto ancora «rilassati».

Negli anni non ti sei mai accorto della presenza di pedofili, o ne avevi solo sentito parlare?

Io ho conosciuto dei vescovi pedofili. Uno di questi mi ha messo le mani addosso.

Nei tuoi discorsi c'è sempre un riferimento al rapporto Chiesa e potere, Chiesa e politica.

La vicenda del direttore Boffo è la dimostrazione di quello che ti ho detto.

La lettera pubblicata dal direttore del «Giornale» Feltri sulla presunta omosessualità e sui guai giudiziari del direttore dell'«Avvenire», gli arriva direttamente dal Vaticano. Altrimenti da chi? Siccome Boffo, rispondendo a una lettera di un prete che si era meravigliato che l'«Avvenire» e la Chiesa non avessero preso una posizione netta sullo stile di vita di Silvio Berlusconi, scrive in un editoriale che il comportamento del presidente del Consiglio ha creato disagio e mortificato la gente. Questo ha complicato il rapporto tra Vaticano e Governo, nel momento in cui in Parlamento si stava discutendo della legge sul testamento biologico.

Tutta la situazione è stata gestita dalla segreteria di Stato che ancora una volta ha dimostrato l'esistenza – io lo sostengo da un pezzo – del centralismo romano.

La prima volta che ho incontrato Romano Prodi fu alla fine della campagna elettorale del '96, quando venne a Genova. Andammo a mangiare alla Lanterna. Lui mi conosceva per la mia brutta fama.

Per tutto il pranzo mi aveva parlato del meraviglioso giro d'Italia che aveva fatto in pullman, di essere riuscito a riportare la politica in mezzo alla gente. Dopo un'ora e mezzo io non sapevo più cosa dirgli, da bastian contrario gli chiedo: «C'è qualcosa che ti ha deluso?» Prodi rimane sorpreso per la domanda, ci pensa un po' e mi dice: «Il cardinale Ruini». Non mi aspettavo questa risposta, sapevo che i due erano molto amici. Prodi continua: «Io sono cattolico. Con Ruini siamo amici da sempre, mi ha sposato, è stato il mio confessore. L'altro giorno, arriviamo con il pullman a Roma, gli telefono, la giornata era stata molto dura. "Camillo sono stanco, vengo a prendere un caffè da te". Lui mi risponde: "Assolutamente no. Romano, sei candidato. Se vieni qui alla Cei come potrebbe essere interpretato?"»

Le ragioni della politica hanno prevalso su quelle dell'amicizia. Il professore aveva capito

che la Chiesa andava dall'altra parte, cioè stava
sostenendo l'avversario.

*Hai detto che la verità è alla base della vita, quin-
di la bugia è un peccato: come può la Chiesa appog-
giare la politica di Berlusconi?*

Confondere fede e politica serve per ottene-
re privilegi. Il punto centrale è la prima lettera
di Pietro che parla di «dignità regale, siete
figli, avete dignità sacerdotale, ma non come
casta». La Chiesa è diventata come i politici:
una casta. Il fatto più grave è la mancanza di
coraggio dei vescovi. Scrive Pietro: «Voi avete
la dignità sacerdotale, con il battesimo appar-
tenete all'unico sacerdote, Cristo, che è altare e
vittima». Nell'antica tradizione della Chiesa
non ci sono cariche, ci sono degli ordini desi-
gnati dalla comunità: episcopo, diacono, eccetera. Questo significa che dobbiamo essere al
servizio della comunità, nella testimonianza,
nella preghiera, nella verifica della croce,
insieme, in comunione, in fratellanza.

Quando la religione diventa civile perde la
sua funzione profetica: il popolo di Dio in cammino annuncia l'unico Dio. L'unica battaglia
pacifica e d'amore, è quella contro gli idoli:
potere, denaro, egoismo, indifferenza.

Il profeta va davanti al potente e gli dice:
non licet, non si può. Il cristiano si sporca le
mani, non ha nulla da insegnare, ha da testi-
moniare. Bisogna arrivare alla costituzione

dogmatica del concilio Vaticano II: *Lumen gentium*, lume delle genti, che inizia con queste parole: «Cristo è la luce delle genti. Questo santo concilio, adunato nello Spirito Santo, desidera dunque ardentemente, annunciando il Vangelo a ogni creatura, illuminare tutti gli uomini con la luce del Cristo che risplende sul volto della Chiesa».

Fino a quel momento tutte le volte che il mondo ha cercato di annunciare i diritti per tutti, la Chiesa è sempre stata contro. Arriva la Rivoluzione francese, *Liberté, Egalité, Fraternité*, la Chiesa: contro. Leone XIII verso la fine dell'Ottocento fa la prima enciclica sociale, *Rerum novarum*, la dottrina sociale della Chiesa.

A chi spara addosso? Al socialismo nascente. Il 10 dicembre 1948 viene firmata la Dichiarazione universale dei diritti umani, Pio XII nel messaggio natalizio la ignora completamente. Prima ancora c'erano stati papi che avevano donato terre: l'Africa al re del Portogallo; il nuovo mondo, scoperto da Marco Polo, al re di Spagna.

Me lo ha ricordato Moni Ovadia, nel *Deuteronomio*, dove è descritta la storia degli ebrei durante il loro soggiorno nel deserto del Sinai. Quando Dio annuncia ad Abramo la terra promessa, gli dice: «C'è un dettaglio, piccolo piccolo, la terra non è tua. Tu sei pellegrino e straniero».

Il senso del Giubileo era questo, controllare la terra: «Come mai tu ieri avevi trenta ettari e oggi ne hai sessanta?» Poi con Bonifacio VIII, autore

47

della bolla *Antiquorum habet fidem*, il Giubileo diventa per la Chiesa l'occasione di fare soldi con le indulgenze plenarie. Oggi si fanno ogni venticinque anni.

Tutto ciò che porta al potere, come la ricchezza, che sia data dalla terra o dal denaro, poco importa, lo considero un tradimento. Come è stato tradimento, spero che regga il paragone, quello che è stato fatto nei confronti della speranza di milioni di contadini oppressi dallo zar. In questo caso la bandiera rossa diventa simbolo di tradimento, perché accompagna il dispotismo di Stalin e la sua crudeltà usata nei gulag.

In Italia stanno accadendo fatti gravi che ci allontanano sempre più da quel Paese che ci era stato prospettato da Dossetti, dagli altri padri costituenti, da La Pira. È scattato l'allarme rosso per l'equità sociale, la salute, la scuola, la giustizia, la libertà di informazione. Con Berlusconi al Governo è in atto la volontà di distruggere le istanze collettive, le forme dello stare insieme, gli strumenti per organizzare la vita sociale. Il Governo fa leggi *ad personam* contro il lavoro dei magistrati. Il premier va in piazza per urlare: «Voglio una commissione d'inchiesta che giudichi il loro operato». Oggi è in gioco la Costituzione della Repubblica, i suoi principi fondamentali, che fanno parte delle mie preghiere.

Hai detto: «Il fascismo di ieri e il populismo di oggi hanno in comune la voglia di liberarsi di tutto ciò che è democratico».

48

Sì, chi ci sta governando ha l'obiettivo di liberarsi della Costituzione che è fondamentale per la democrazia. Questo genera lo sgretolamento della società. Si legge quotidianamente sui giornali che noi viviamo una crisi di Governo costante, non è vero, noi viviamo una crisi di sistema. Te lo dice un vecchio che ne ha passate tante. Attento: la crisi di sistema è di lunga durata. A proposito della scuola, non mi sentirai mai dire che i giovani hanno una mancanza di valori. È ora di finirla con queste analisi superficiali che non fanno altro che mortificarli. Partiamo dal bene e non dal male. I giovani hanno, invece, un valore che è il più alto di tutti: l'esigenza di autenticità. Questo è il messaggio che lanciano. Il problema è che questo non viene recepito, soprattutto da chi si occupa di scuola e può determinare i cambiamenti.

Un domanda che spesso si sente dire e che mi urta: «Cosa possiamo fare per i giovani?» Basta, bisogna stare con i giovani, confrontarsi. La domanda che dovremmo porci è un'altra: «Cosa possono fare loro per noi?» Prima di rispondere bisogna dare ai giovani tutte le opportunità per essere protagonisti della loro vita.

Tra i vari allarmi rossi hai inserito la libertà di informazione.

Libertà di informazione significa raccontare quello che accade, dire la verità, la considero una delle colonne portanti che sostengono la parola pace. Per realizzare la pace l'informazione è fondamentale. Informazione, cioè verità e conoscenza, solidarietà e amore, giustizia, sono le colonne portanti, la loro assenza è la causa delle ingiustizie. Se non c'è l'informazione non conosciamo l'ingiustizia, ma la subiamo.

C'è stato un discorso di Bush che mi ha colpito molto. Cercherò di sintetizzarlo, mi serve per spiegare quello che ho appena detto. L'ex presidente americano riferendosi alla guerra in Iraq e alla presunta esistenza delle armi di distruzione di massa ha detto: «A volte per il bene della terra, per riuscire a portare la democrazia qualche notizia la si può occultare ed è anche lecito dire bugie». Questo lo considero uno sfacelo. È la sintesi di ciò che è accaduto e continua inesorabilmente ad accadere in tutto il mondo. L'importanza dell'informazione è affermata nel Vangelo di Matteo: «Il vostro parlare sia: sì, sì; no, no, il resto viene dal maligno». Noi continuiamo a chiamarlo Vangelo, ma la traduzione esatta è "Buona notizia".

In questi ultimi anni con l'avvento di Berlusconi, siamo stati testimoni dei suoi editti bulgari, di giornalisti a cui ha fatto togliere la parola. Come consideri il comportamento della Chiesa nei confronti di queste ingiustizie?

Sento fortemente l'appartenenza alla Chiesa, questo lo devo dire come premessa. Chiesa in italiano significa assemblea, in latino ecclesia, nel greco scelto dai primi cristiani, ecclesìa, cioè ancora assemblea. Dovrebbe essere questa a dire: «Tu meriti di essere episcopo» che, dal greco, significa sorvegliante, cioè vescovo. Noi continuiamo, erroneamente, a chiamare Chiesa la gerarchia o addirittura i templi e le basiliche. La Chiesa a cui io aderisco è connivente con il potere, è collusa, continua a negare i diritti umani. Mi riferisco sempre alla gerarchia perché tanti cristiani sono gloriosi e continuano a seguire le orme di Gesù.

Fin tanto che la Chiesa usufruirà di benefici e privilegi dal potere statale, dal potere economico, non sarà mai al servizio della verità. La Chiesa è cattolica e universale, lo diceva il cardinale Alfredo Schuster, perché Gesù è salvatore di tutti. Attenti: per essere cattolici bisogna portare la buona notizia cristiana. Cristiana significa povera. La Chiesa non è ancora arrivata a riconoscere i diritti umani per tutti, indistintamente. Faccio un esempio: non uccidere è uno dei dieci comandamenti. La Chiesa, in oltre duemila anni, non ha ancora, in un documento ufficiale, abolito la pena di morte. Tratta con il potere, fa patti, concordati, e ne ricava privilegi immensi. Loris, pensa solo alla scuola, le sovvenzioni che riceve, gli insegnanti di religione pagati dallo Stato. Quando il Governo italiano ha bisogno del Vaticano aumenta i soldi alla scuola così detta privata, o abolisce la tassa dell'Ici sugli immobili delle varie curie. Abbiamo una gerarchia che perpetua una religione civile al servizio del potere. Forse sarò un po' ripetitivo, ma non mi stancherò mai di dirlo.

Cosa pensi dell'informazione dei tg della Rai e più in generale di quella della tv?

Penso all'importanza dei mass media. La Rai, che dovrebbe essere servizio pubblico, in questo momento è occupata. Qualche tempo fa è venuto in comunità un giornalista del Tg1 che aveva letto un mio libro e con estrema sincerità mi ha detto: «Don Gallo io ci tengo a parlare del suo libro e della comunità, siccome fra poco è il quarantennale, l'intervista che le farò la userò per due servizi. Farò tutto il possibile per metterli in onda ma può anche darsi che qualcuno lo censuri». Nonostante tutto la Rai, nel panorama televisivo italiano, rimane ancora un baluardo. Menomale.

Sembra che l'italiano non possa fare a meno di Berlusconi.

Questo è il punto. Io sono d'accordo con Giorgio Bocca quando dice che l'italiano deve arrivare a toccare il fondo, perché spera sempre che ci sia qualcuno che risolva i problemi per lui. Mi ricordo quando Berlusconi ha promesso che avrebbe portato le pensioni a un milione di lire. Avevamo ospite in comunità, un ultrasettantenne, un grande borghese,

Attilio, figlio di un armatore che negli anni si era rovinato e aveva sperperato tutto. Fino a qualche tempo prima viveva in ospedale perché aveva un parente primario, poi lo mandarono via, lo accogliemmo noi. Doveva rimanere solo qualche mese invece rimase alcuni anni. Aveva studiato dai gesuiti, maturità classica, aveva una certa cultura. Percepiva una pensione bassissima. Attilio votava Berlusconi, con me aveva un buon rapporto. Tutti i giorni che riceveva la pensione mi chiedeva: «Oggi ci sarà il milione alla posta?» La grande illusione, il bisogno di illudersi. Ha ragione Bocca.

Durante il fascismo, io vivevo in un quartiere povero, i bambini andavano scalzi, c'era la miseria, tutte le famiglie avevano un parente al fronte, molte anche morto o disperso, ma gli italiani credevano lo stesso nel fascismo. Ci sono voluti tre anni di guerra per fargli prendere coscienza.

Oggi non abbiamo ancora preso coscienza perché il fondo non è stato ancora toccato. Berlusconi dice: «Mi hanno votato gli italiani». Balle, la maggioranza non lo vota. Essendo cresciuta la disaffezione nei confronti della politica, l'indifferenza fa sì che un terzo dell'elettorato non vada più a votare.

Con il Cavaliere hai mai avuto a che fare?

Tutti i giorni, sono cittadino di questo Paese come te. Fui ospite di un programma di Michele

Santoro quando andava in onda su Mediaset. Anche il Cavaliere era presente nella trasmissione. Rimasi impressionato perché stette al trucco un'ora e mezzo. Questo mi colpì molto, non era ancora entrato in politica, queste cose, allora, non erano di dominio pubblico.

La trasmissione era dedicata alla criminalità. Io avevo parlato di prevenzione e mi ero espresso contro la repressione e avevo citato il mio maestro don Bosco: «Chi vuol farsi obbedire deve prima riuscire a farsi amare». Alla fine della diretta, mi ricordo che dovevo scendere un grande scalone, anche se ero più giovane Berlusconi mi venne incontro per aiutarmi, poi mi salutò dicendo: «Don Gallo sono stato allievo di don Bosco anch'io». Gli risposi: «Bravo Cavaliere, noi figli di don Bosco dobbiamo stare attenti ai nostri comportamenti, altrimenti si potrebbe rivoltare nella tomba». Mi abbracciò. Da quella volta non l'ho mai più rivisto.

C'è una tua frase che mi ha colpito molto: «Una società civile è una società dove c'è meno bontà ma più diritto».

No, io sostengo che la forza del diritto è la bontà. Mentre nella società impera il diritto della forza. Il diritto deve avere come obiettivo il bene comune, saltando l'assistenzialismo, di cui non metto in discussione i tanti aspetti positivi, per arrivare a una solidarietà strutturale, liberatrice. Sono passati secoli prima che le chiese cristiane, non solo la cattolica, dichiarassero peccato strutturale l'apartheid in Sudafrica. Ho avuto in comunità dei ragazzi sudafricani cattolici di colore, mi hanno raccontato che in una parrocchia alla periferia di Johannesburg, i bambini giocavano tutti insieme. Appena suonava la campanella i bambini neri andavano a catechismo nella chiesa dei bianchi europei, ma non con i connazionali bianchi. Tant'è vero che, trent'anni fa, l'arcivescovo Carlo Riccò, per dare un segno, fece radere al suolo una chiesa che era stata per anni destinata ai neri. Chi viene messo in galera? Nelson Mandela, per ventisette anni, con l'accusa di tradimento. Lui non è il traditore, è il testimone.

Mandela è il giusto esempio di chi, per tutta la vita, ha inseguito la verità e il diritto. Il potere è il vero male.

La prima cosa che fa Gesù è quella di andare nel tempio a cacciare i mercanti. La vita pubblica di Gesù dura un anno e mezzo, il suo primo esempio è quello di distruggere il potere.

Le prime comunità, così dette del dissenso, furono fondate a Genova nel 1968. Questo preoccupò molto il cardinale Siri. Lo incontrai e gli dissi: «Eminenza, stia tranquillo, non accadrà nulla. Lo sa perché? Noi» mi ci mettevo dentro anch'io «che abbiamo fatto la scelta di Gesù, non la portiamo fino alle ultime conseguenze». Se i cristiani che dissentono, con amore, fossero coerenti fino in fondo con Gesù, gli altri non so come se la caverebbero.

Cosa intendevi dire?

Non era una minaccia. La Chiesa considera deleteria qualsiasi contestazione. Questo porta a non seguire alla lettera Gesù. Dice il Vangelo: «Gesù entrò poi nel tempio e scacciò tutti quelli che vi trovò a comprare e a vendere; rovesciò i tavoli dei cambiavalute e le sedie dei venditori di colombe e disse loro: "La Scrittura dice: la mia casa sarà chiamata casa di preghiera ma voi ne fate una spelonca di ladri"».

Io sostengo che è grave che nella nostra Chiesa vi sia la mormorazione.

Qualche domenica fa sono stato invitato in una parrocchia. Dopo la festa, mentre eravamo tutti seduti a tavola, chiesi al parroco com'erano i rapporti con il cardinale. Lui mi rispose: «C'è il cardinale a Genova? Forse a cinquecento chilometri». Ecco la mormorazione.

Quel parroco, quando successivamente incontra il cardinale, non solleva il problema, non gli dice quello che pensa. Io sì, dico sempre quello che penso e credo di averlo dimostrato in questo nostro incontro.

Quando mi accusano di essere uno che contesta, io rispondo: «Quale contestazione?» Facciamo un esempio. Io sono in casa e parlo con chi vive con me: «Guarda che là sul muro c'è una ragnatela». Lui mi può rispondere:

«Don Gallo, non è una ragnatela, è un dipinto moderno». Un altro può dire: «Mi sono accorto che abbiamo il telefono che non funziona». Nella casa ci si organizza: oggi pulisco io, domani tocca a te. Ci si divide i compiti: io faccio da mangiare, tu rifai i letti. Né contestazione e né la brutta abitudine della mormorazione, che significa parlare dietro alle spalle. La franchezza è fondamentale nei rapporti, dire ciò che si pensa è dovere del cristiano. Lo dobbiamo fare per amore nei confronti della Chiesa. Questa ipocrisia rallenta tutti i processi che possono portare al cambiamento, come, ad esempio, la conquista dei diritti, che è lenta e faticosa. All'epoca di papa Adriano IV chi sosteneva la libertà di coscienza veniva punito, perché era considerata pura follia. Oggi la libertà di coscienza è dottrina certa.

Il mio maestro di noviziato, don Giuseppe Gentile, diceva che avremmo dovuto consumare lo scalino che era all'entrata del suo studio: «Siccome dovete stare qui un anno, lo scalino lo voglio vedere consumato. Dovete venire tutte le volte che avete bisogno, tutte le volte che un dubbio vi tormenta». Durante le lezioni chiedeva agli studenti: «Chi è il vostro maestro?» E loro indicavano lui. «No, *unus est magister vester, Christus*. Uno solo è il vostro maestro, Cristo» la sua risposta.

Di fronte agli attuali mercanti del tempio: P3, la cricca, gli appalti sulle disgrazie del terremoto in

Abruzzo, la Chiesa, intesa come gerarchia, sta tenendo un giusto comportamento?

La Chiesa non condanna, o lo fa blandamente come la Cei quando è intervenuta sulle decisioni del Governo Berlusconi a proposito di lavoro, scuola, legalità, o sulle politiche razziste della Lega a proposito dei rom, o addirittura è connivente, rappresenta il male. Non dobbiamo dimenticare le varie vicende che videro protagonista l'arcivescovo Marcinkus quando era a capo della Banca vaticana fu coinvolto nel crack del Banco Ambrosiano, solo il passaporto diplomatico lo salvò dalla cattura, oppure la vicenda della P2. Purtroppo sono tanti gli esempi che si potrebbero fare.

Le caratteristiche del cristiano dovrebbero essere: primo la dignità regale, di fronte a chiunque io sono figlio di Dio; secondo la dignità sacerdotale. I preti, i vescovi, non devono essere casta, ma avere dignità sacerdotale. L'unico sacerdote mediatore tra Dio e gli uomini è Cristo che non solo è *pontifex*, costruttore di ponti, ma è anche vittima, è l'altare e la croce contemporaneamente; terzo, irrinunciabile, la dignità profetica. Annunciando il regno di Dio, tutto ciò che è terreno, tutto ciò che è giustizia, tutto ciò che è superbia, cioè idolo, deve essere abbattuto. Il concetto delle religioni monoteiste è abbattere gli idoli.

Ti racconto un aneddoto di Moni Ovadia. Un prete cattolico, un pastore protestante, un buddista e un ebreo sono seduti a un tavolo, quest'ultimo chiede agli altri: «Dov'è Dio?» Il prete cattolico dice: «Dio è in cielo». Il pastore protestante: «No, sulla terra». Il buddista: «Dio è all'interno dell'uomo, nel cuore». L'ebreo: «No, Dio è dove viene accolto».

La Chiesa ha dimenticato di avere la forza data dalla dignità profetica per abbattere qualunque idolo: potere, arroganza, orgoglio, superbia, danaro. Altrimenti come si può annunciare che esiste un solo Dio, un solo padre? Un vecchio anarchico scriveva sui muri di Genova: «Né Dio né padrone». Un giorno gli ho parlato: «Quando scrivi Dio sui muri sicuramente sottintendi i gerarchi della Chiesa».

Il concilio Vaticano II aveva già chiarito tutto definendo la Chiesa popolo di Dio. Morale: non ci può essere casta sacerdotale.

Come mai le decisioni del concilio, negli anni successivi, vennero messe da parte?

La maggioranza, oltre duemila padri della Chiesa, diede ragione a papa Giovanni XXIII. Tutti i documenti vennero votati a grande maggioranza. Quello che accadde successivamente fu il tradimento di Giuda, tipico del collegio apostolico. Mi ci metto anch'io come primo della lista. È sufficiente ricordare come si concluse il concilio. La storia, fra duecento o trecento anni, dirà esattamente come andarono i fatti e soprattutto la ragione di certe scelte.

Paolo VI era molto preoccupato, così decise di mandare una lettera per mettere la parola fine. Tra una sessione e l'altra vi erano degli intervalli. Il papa scrisse a tutti i padri della Chiesa e nella convocazione specificò che la sessione avrebbe rappresentato la chiusura dei lavori. La fine fu imposta dal vertice, invece avrebbe dovuto essere l'assemblea a decidere la conclusione del concilio.

Io conoscevo un vescovo che era un grande conservatore, Secondo Chiocca, vescovo ausiliario di Genova, consacrato dal cardinale Siri; era stato mio parroco. Mi raccontò che la lettera era stata fatta da lui e me la fece leggere: «Don Andrea, tu che sei a favore del concilio guarda qui. Basta, chiudiamo». I conservatori consideravano il concilio la rovina della Chiesa. Il cardinale Siri, che fu l'ispiratore della fine del concilio, lo sosteneva apertamente: «Ci vorranno almeno cinquant'anni per rimettere a posto la Chiesa». Alcuni teologi oltre Siri, il cardinale Alfredo Ottaviani, soprannominato il carabiniere della fede, e Wojtyla, che all'epoca era arcivescovo di Cracovia, hanno sempre votato contro qualunque decisione progressista. Infatti, nei primi anni del papato di Giovanni Paolo II inizia l'interpretazione del concilio sulla linea della minoranza, quella conservatrice, le varie riforme vengono messe da parte anche se i testi erano stati approvati e sottoscritti da un papa, Giovanni XXIII.

Torniamo alla tua formazione, quando eri studente di teologia.

Nello studio mi impegnai molto. Puntuale agli esami, che son ben quaranta, le materie fondamentali cinque: teologia dogmatica, morale, sacramenti, sacra scrittura, storia ecclesiastica e diritto canonico. All'ateneo si entrava alla fine di settembre e si usciva il 2 luglio. Cinque le sessioni d'esame, si cominciava a febbraio. Studiare era uno sforzo, io volevo finire per diventare il cosiddetto educatore.

Hai detto che sentivi il bisogno di conciliare la fede con l'impegno laico, chi ti ha aiutato?

Il mio maestro è stato don Primo Mazzolari. Un parroco della bassa mantovana a cui era stato vietato di predicare fuori dalla sua parrocchia. Aveva fatto grande scandalo per le sue idee, aveva scritto *Il compagno Cristo*. Don Mazzolari era contro ogni forma di ingiustizia e violenza ed era dalla parte delle classi più deboli. «Nessuno è fuori dalla carità» diceva. Dopo la guerra, nel 1949, aveva fondato un giornalino quindicinale, «Adesso», di cui era anche il direttore. Il giornalino era composto da due fogli. Bisognerebbe andarlo a riprendere, sarebbe ancora attuale. A Genova c'era la libreria dei pavoniani che praticamente lo vendeva sottobanco, con sua eminenza il cardinal Siri già felicemente regnante in città. I pavoniani sono una congregazione religiosa che prende il nome dal suo fondatore padre Lodovico Pavoni, beatificato nel 2002, formata da religiosi e laici. Si occupano dei ragazzi più poveri, a cui insegnano un mestiere. A Genova c'è un loro istituto che è chiamato l'istituto dei derelitti. Allora ero un giovanottello, andavo sempre a comprarlo. Mi ricordo che un giorno entrai in libreria e il commesso, che era un laico di cui ero diventato amico, mi disse: «Guarda che questa volta non te lo posso vendere». «Perché?» «È venuto un emissario della curia e li ha comprati tutti».

Li avevano tolti dal mercato perché non venissero letti.

Già. Per non far nascere problemi con i religiosi pavoniani, invece di sequestrarli li avevano comprati. Le autorità ecclesiastiche fecero chiudere il giornalino nel 1951, successivamente venne ancora pubblicato, ma don Mazzolari non fu più direttore. Di lui conservo ancora un disco con una delle sue prediche più importanti: *Nostro fratello Giuda*. C'è un passaggio che è fondamentale:

Povero Giuda. Che cosa gli sia passato nell'anima io non lo so. È uno dei personaggi più misteriosi che noi troviamo nella passione del Signore. Non cercherò neanche di spiegarvelo, mi accontento di domandarvi un po' di pietà per il nostro povero fratello Giuda. Non vergognatevi di assumere questa fratellanza. Io non me ne vergogno, perché so quante volte ho tradito il Signore; e credo che nessuno di voi debba vergognarsi di lui. E chiamandolo fratello, noi siamo nel linguaggio del Signore. Quando ha ricevuto il bacio del tradimento, nel Getsemani, il Signore gli ha risposto con quelle parole che non dobbiamo dimenticare: «Amico, con un bacio tradisci il Figlio dell'uomo!» Amico! Questa parola che vi dice l'infinita tenerezza della carità del Signore, vi fa anche capire perché io l'ho chiamato in questo momento fratello.

A proposito di don Mazzolari, papa Montini (fu il primo che nel 1957, in qualche modo, iniziò la via della riabilitazione del prete mantovano all'interno della Chiesa), quando era arcivescovo di Milano, lo invitò a predicare nella sua diocesi: «Lui aveva il passo troppo lungo e noi si stentava a tenergli dietro. Così ha sofferto lui e abbiamo sofferto anche noi. Questo è il destino dei profeti».

Don Mazzolari fu perseguitato dai fascisti, che tentarono anche di ucciderlo, nascondeva gli ebrei e gli antifascisti, ha salvato tante persone, poi è andato con la Resistenza. Ha avuto scontri con i comunisti perché dopo la guerra aveva nascosto qualche ex fascista. Don Primo era contro tutte le violenze. Papa Giovanni l'avrebbe fatto cardinale, sono sicuro che lui non avrebbe mai lasciato la sua parrocchia. Come accadde a don Giulio Bevilacqua, quando Paolo VI lo propose per diventare cardinale, lui accettò il galero cardinalizio a una condizione: rimanere parroco nella sua parrocchia alla periferia di Brescia per poter continuare ad aiutare i suoi giovani. Nel centenario della nascita sulla facciata della sua casa hanno affisso una lapide: «In questa casa il 14 settembre 1881 nacque Giulio Bevilacqua parroco-cardinale».

Papa Giovanni XXIII, nel febbraio 1959, qualche mese prima della morte, ricevette don Mazzolari in udienza, salutandolo pubblicamente così: «Tromba dello Spirito Santo in terra mantovana».

Dall'«Adesso» hai ricevuto tanti spunti che ti sono serviti per crescere. Cosa ti aveva colpito di don Mazzolari?

Don Mazzolari aveva capito che i cristiani, come aveva detto Gesù, non hanno una cultura definita ma stimolano e sorreggono le diverse culture. A questo proposito ti racconto quello che penso dell'agitazione della Chiesa dopo la sentenza della Corte europea: via il crocifisso dalle scuole. Perché tanto zelo a difendere il crocifisso nelle scuole e non i nove milioni di poveri, precari, senza lavoro, senza casa, detenuti oppure la salute di tutti? Gesù Cristo non può essere un simbolo di divisione. Al Cristianesimo servono testimoni e non testimonial. L'ho anche scritto: «Gesù ha voluto una comunità di seguaci inseriti nella città, i cui principi irrinunciabili sono: il perdono, l'amore dei nemici, l'accoglienza, la solidarietà, l'amore, il martirio. Il cristiano è abitante della *polis*, mentre la sua cittadinanza è nei cieli. Ecco la profezia della fede cristiana». Quando andavo a scuola vedevo tutte le mattine il crocifisso scortato a destra dal re Vittorio Emanuele III e a sinistra dal Duce, non credo che fosse tanto a suo agio... Il mio motto è: meno simboli e più Vangelo. Vanno rispettate le tradizioni, ma bisogna rispettare anche, nella cultura della pace, l'integrazione culturale. Nel Vangelo secondo Matteo sta scritto: «Avevo fame e mi avete dato da mangiare, avevo sete e mi avete dato da bere, ero nudo e mi avete vestito. In verità vi dico, tutto quello che fate al più piccolo dei miei fratelli, l'avete fatto a me». La Chiesa è troppo autoreferenziale. Complotto, congiure, si sente sempre perseguitata. Se è perseguitata entra nelle beatitudini. Sempre il Vangelo di Matteo dice: «Beati i perseguitati a causa della giustizia, perché di essi è il regno dei cieli». Gesù è la sintesi. «Siate sale e lievito». Questa è la vera laicità: «Tu, cristiano, vai in mezzo alla gente».

Ti faccio un altro esempio: il 24 marzo erano i trent'anni dall'assassinio, avvenuto nel 1980, del santo Romero d'America. Nessuno ufficialmente lo ha ricordato.

Io mi son sempre considerato completamente laico, cammino in mezzo agli uomini sporcandomi le mani e seguendo l'esempio di

Gesù. Fu il cardinal Giovanni Canestri, arrivato a Genova dopo Siri, che mi disse: «Guarda qui quante proteste arrivano, sei con le puttane, con gli atei, con i comunisti...» Mi venne spontaneo dirgli: «Eminenza, scusi, Gesù cosa avrebbe fatto?» Lui mi guardò serio: «Se la metti su questo piano». E io: «Eminenza, su quale piano la devo mettere?»

Ci siamo dimenticati della Maddalena o facciamo finta? Gesù aveva undici apostoli – Giuda era già morto – poteva scegliere uno di loro per diffondere il messaggio della Resurrezione, invece ha incaricato la Maddalena. Le dice: «Vai dai miei, dì a loro che sono risorto e che li precedo in Galilea». E lei va... Nonostante la scelta di Gesù, il ruolo della donna nella Chiesa è ancora totalmente subordinato.

L'ho detto e scritto tante volte: «Amo la mia Chiesa cattolica, ma fintanto che non darà il diritto alle donne di essere ordinate prete, non so di quale uguaglianza stiamo parlando».

Come è stato possibile il martirio di Ipazia da parte del vescovo Cirillo? Lui che predicava di essere in Cristo. Ipazia è il simbolo dell'amore e della conoscenza. Il padre Teone, grande studioso, in testa al suo libro *Il sistema matematico*, scrive: «Questo lavoro su Tolomeo è super revisionato dalla filosofa Ipazia, mia figlia». Ipazia fu vittima del fondamentalismo religioso. Chi è così non è cristiano. Il fondamentalismo è la rovina dell'amore, dell'uguaglianza. Il fondamentalismo è alla base del regime fasci-

sta, a cui non ho mai perdonato di avermi con-
dizionato, alienato, distrutto quasi nella
coscienza. Perché il fascismo rovina le coscienze. Quando si cita il nazifascismo, nessuno
parla della rovina delle coscienze che ha causa-
to. Noi subiamo ancora i nipotini dei fascisti,
nei quali è emersa questa empietà della razza
superiore, la difesa, le armi, eccetera...

Rivolgi alle chiese lo stesso fondamentalismo dei
regimi.

Alle chiese? Io parlo della mia. Questi signori, ipocriti e farisei, si insediano illegittima-
mente sulla cattedra di Mosè e nasce così il
potere teocratico. I fondamentalisti sono quelli
che occupano la religione e ti impongono:
«D'ora in avanti tu adori Dio come dico io».
Questo no. Questo io non lo accetto. Anche gli
studiosi di antropologia ammettono che è
scientificamente provato che la teocrazia, il
Governo il cui potere politico si fonda sulla
religione, come diceva De André, altera il
punto di Dio, nelle persone interviene sul quoziente di intelligenza, dell'emotività e della
spiritualità. È chiaro che l'immagine di Dio
risulta come quella rappresentata dai film.
Il vescovo Cirillo, poi fatto santo, si è reso colpevole della morte di numerosissime persone,
tra le quali la giovane scienziata Ipasia che, non
essendo cristiana, non avrebbe potuto nemmeno essere accusata di stregoneria. Nel famoso

affresco *La scuola di Atene*, Raffaello, tra i sapienti della terra, dipinge una figura femminile vestita di bianco: Ipazia. Quale è la tesi usata da Cirillo per condannarla alla lapidazione? «Questa donna ha umiliato l'uomo». Subito dopo la lapidazione venne tagliata a pezzi.

Il fondamentalismo è veramente fratello dell'integralismo, si arriva alla violenza nel nome di Dio.

Al ventesimo anno di pontificato di Wojtyla, era il 1998, mi invitarono in Rai, per una trasmissione in diretta tv, c'erano tanti collegamenti con varie personalità. Tutti prodighi a incensare papa Giovanni Paolo II. Il conduttore, David Sassoli, oggi europarlamentare, mi chiese: «Allora don Gallo ha sentito? Lei cosa dice?» Risposi: «Di fronte al vescovo di Roma, che è il mio Pietro, presidente di tutta la carità universale, gioisco anch'io. Tutte queste felicitazioni, tutti questi complimenti... Visto che siamo qui vorrei fare una preghiera, una supplica al papa: "Santo Padre come mai ha ucciso i miei maestri della *Teologia della liberazione*?"» Li ho citati: il padre francescano Leonardo Boff, il domenicano Frei Betto e il mio maestro di filosofia ai salesiani Giulio Girardi, che avevano lottato in America Latina contro le dittature, avevano aiutato i rifugiati politici, stavano dalla parte dei deboli, a rischio e pericolo della propria vita. Finita la trasmissione puoi immaginare cosa è successo.

Perché lo hai fatto?

Perché me li ha uccisi. Nel 1979 il papa va a Puebla, a dieci anni dal primo Consiglio episcopale latinoamericano che si era tenuto nel 1968 a Medellin. I vescovi non sono a contatto con la gente, vengono ospitati nei grandi alberghi. Il concilio Vaticano II, che si era concluso il 7 dicembre 1965, si era posto la seguente domanda: «Chiesa di Cristo, che cosa dici di te stessa al mondo? Che cosa dici al mondo di Cristo, figlio di Dio morto e risorto, con il tuo modo di essere e di presentarti? Come potresti annunciare meglio, in qualunque parte della terra e in tutte le circostanze storiche, il Dio padre e madre, così come la madre di nostro Signore Gesù Cristo e il suo progetto d'amore?» La teologia della liberazione aveva preso posizione contro le dittature militari e i regimi repressivi in favore delle popolazioni più diseredate seguendo *Pacem in terris* che aveva messo in evidenza i valori dell'emancipazione sociale. Invece Wojtyla, dieci anni dopo a Puebla, dichiara: «La concessione di Cristo come figura politica, rivoluzionaria non è compatibile con gli insegnamenti della Chiesa». Padre Boff diceva che «la missione della Chiesa è quella di aiutare i poveri a prendere il loro destino in mano. La povertà non è uno stato naturale, e la lotta contro questo stato dovrebbe essere parte integrante del ministero della Chiesa».

Il papa incaricò il cardinale Ratzinger, che presiedeva la Congregazione per la dottrina della fede, sotto la pressione dell'Opus Dei, sempre più potente, di convocare in Vaticano padre Boff accusando il movimento di mettere in discussione le «sane dottrine della Chiesa». Successivamente fu negato anche l'appoggio della Santa Sede richiesto da monsignor Romero. Padre Girardi lo hanno distrutto, fino al punto di essere costretto ad andare in psicanalisi. Aveva collaborato durante il concilio Vaticano II alla realizzazione della *Gaudium et spes*, una profonda analisi dedicata alla Chiesa nel mondo contemporaneo. Subito dopo il concilio padre Girardi partecipò al dialogo tra cristiani e socialisti. Nel 1966 scrisse un importante testo *Marxismo e Cristianesimo*.

Quando scoppia la rivoluzione in Nicaragua, i primi a contestare Somoza sono studenti e professori dell'università di Leon rifiutando i testi marxisti sovietici e cubani, quello fondamentale rimaneva il suo. Mi ricordo che dopo la visita del papa a Cuba, Fidel Castro invitò quattro o cinque teologi fra cui lo stesso Girardi.

Se non c'è un incontro tra marxismo umanista e cristianesimo liberatore l'uomo non si salva.

Dopo la trasmissione cosa accadde?

Sassoli era molto preoccupato. «Andrea ti distruggeranno» mi disse. Non accadde. Pur di non concedere il lusso e il diritto di riflettere su ciò che si ignora o peggio indagare, preferirono non punirmi.

Ho domandato al grande maestro monaco Arturo Paoli cosa pensa della Chiesa. Candidamente mi ha risposto: «Caro Andrea, è sede vacante». Gli ho fatto una seconda domanda: «Se la Chiesa è sede vacante allora chi governa?» «Governa l'Opus Dei».

Ascoltandoti si ha la sensazione che tu nella Chiesa ci stai un po' stretto. Nessuno ti obbliga ad avere a che fare con il potere che rappresenta. Non ti senti anche un po' tradito?

Non mi sento affatto stretto. Ho degli amici da tutte le parti. Tu non sai quanti mi hanno detto: «Tu ci stai stretto lì. Hai già una certa età, ti diamo una bella casetta…» Tutte le volte rispondo così: «Cosa mi vieni a dire, io qui sono a casa mia». Sono a casa.

Quanti figli hanno avuto dei padri despoti? Il Santo Padre che è al potere e rappresenta l'autorità, mi mandi via lui. Caro Loris, io sono a casa, accetto quello che l'autorità ecclesiastica decide. Come faccio io, amando la Chiesa, ad andare via? In Chiesa sono a casa. Tanto è vero che le prime chiese si chiamavano *domus christianae*, case cristiane. La Chiesa è la casa dove i cristiani si trovano. Gesù dice: «Quando due o tre sono riuniti nel mio nome, io sono in mezzo a loro».

Ogni tanto incontro qualcuno che mi dice che me ne dovrei andare dalla Chiesa, visto che non sono d'accordo quasi su niente. Io amo la Chiesa, rispetto la sua struttura gerarchica. È il contrario, se qualcuno che sta nella Chiesa non mi vuole, abbia il coraggio di scomunicarmi. Considero il mio dissenso un atto di fedeltà ai principi fondamentali della Chiesa. Ritengo le reazioni alle mie posizioni un segno vitale.

Cosa hai in comune con la comunità di Sant'Egidio o Comunione e liberazione?

Niente. Ad Andrea Riccardi, presidente di Sant'Egidio, un giorno, ricordo che eravamo a Trastevere, dissi: «Sai chi siete voi? L'Opus Dei di serie B». Non conosco la spiritualità di don Luigi Giussani, era professore in un liceo di Milano, prima di Cl aveva fondato, all'interno dell'Azione cattolica, Gs, Gioventù studentesca. Si chiamano tutte e due compagnia delle Opere. Sant'Egidio dipende direttamente dalla segreteria di Stato del Vaticano. Quello che so è che fanno business e contano molto nella Chiesa e nella politica italiana.

Che cos'è che non ti piace della Chiesa?

La piramide gerarchica, che non è schierata nettamente contro la guerra e che non ha fatto scelta di povertà.

Tutte le volte che si parla di don Gallo c'è sempre chi ti accusa di essere un prete comunista.

L'accusa quale sarebbe? A chi mi dice che sono comunista rispondo sempre: «Sì, sono comunista». Ti ho già detto che mia mamma è stata la prima maestra che ho avuto. Un giorno, probabilmente a forza di sentirlo dire, eravamo in cucina e lei stava lavorando ai fornelli, mi disse: «Andrea mi hanno detto che sei comunista. È vero?» «Sì» le rispondo. Con mia mamma avevo un rapporto straordinario. Lei continuò nel suo lavoro, dopo un po' mi dice: «No, non è vero, tu sei figlio di don Bosco».

In ogni momento della mia vita penso al Vangelo e alla Bibbia, ma non dimentico quello che ha scritto Marx.

Non voglio contraddirti, ma credo che avesse ragione tua madre: sei figlio di don Bosco.

Ti racconto un fatto che riguarda don Bosco. All'inaugurazione della ferrovia Torino-Lanzo, lui aveva già l'istituto a Lanzo Torinese, erano presenti diversi ministri del regno sabaudo. Tutti brindavano al re. A un certo punto uno di questi rivolgendosi a don Bosco disse: «Qual è la sua politica?» Don Bosco: «La mia politica è quella del *Padre nostro*. Nei posti in cui sono invitato, prima di recitare il *Padre nostro*, alle mie pecorelle dico sempre: "Adesso diciamo il *Padre nostro*". Poi aggiungo: "Siete proprio decisi?"».

È vero che il Padre nostro *è la preghiera che pre-
ferisci?*

Sì. Primo perché l'ha insegnata Gesù. Secondo
perché mi permette di dire ai miei ragazzi:
«Potete anche non recitarla, perché san
Benedetto non vi costringe, ma se decidete di
farlo, ricordate che il *Padre nostro* significa che
siamo tutti figli e figlie, fratelli e sorelle. Dal
momento in cui uscirete da quella porta, chiunque incontriate sarà vostro fratello o sorella». Da
questo non si scappa.

*Nella preghiera c'è un una frase un po' controver-
sa: «Non ci indurre in tentazione».*

«Non ci indurre» è una traduzione sbagliata
rispetto all'originale. Perché viene attribuito a
Dio il tentativo di indurre alla tentazione, invece in lingua originale è scritto, più o meno:
«Sostienici nelle tentazioni». Sai, nonostante
gli studi biblici, qualche teologo del potere c'è
sempre. Credo che in Commissione il testo sia
stato corretto da tempo. Non capisco perché la
Cei non sia ancora intervenuta.

A proposito della donna, Erri De Luca, perso-
naggio straordinario che ha studiato il greco
antico e l'ebraico, mi ha raccontato che per
mantenere il maschilismo e la sottomissione
psicologica, soprattutto nell'ambito della sessualità, nella traduzione ufficiale della Genesi si
dice: «Partorirai con dolore», mentre il termine

usato nell'antico ebraico è «affanno», «fatica», non dolore. Dire «con dolore» è come affermare la colpevolezza del rapporto sessuale.

Che cos'è la fede?

La fede non è una virtù secolare, è un dono di Dio. Penso anche che la fede sia un invito. Gesù dice: «Vieni, seguimi. Lascia tutto e seguimi».

Quand'è che ti sei accorto di avercela?

La fede è la forza. Nasco che ho già le mie potenzialità. Il Creatore le dà a tutti, come l'intelligenza. La fede mi dà la forza per prendere una decisione e cercare di essere coerente, quindi, la considero il dono che io ho accolto. Ai ragazzi dico che per me la fede è seguire Gesù. È più di ottant'anni che non ci riesco. L'inverno scorso abbiamo avuto sette nevicate. Hai presente quando nelle cascine è tutto candidamente bianco e uno cammina e lascia le impronte? Gesù ha lasciato le impronte, io cerco di seguirle. Tutto qui.

Don Gallo, preghi?

Certo che prego. Porto sempre con me il mio breviario.

Con tutti gli impegni che hai come fai a trovare il tempo?

Ti rispondo parlandoti di don Bosco e della sua beatificazione. Pensa, Wojtyla, in tredici anni, ha fatto Josemarìa Escrivà de Balaguer prima venerabile, poi beato e santo. L'unico, forse, che lo ha superato nei tempi è Francesco d'Assisi che lo hanno beatificato subito. Don Bosco muore nel 1888 e nel 1890 inizia il processo di canonizzazione, diventa beato nel 1929 e santo nel 1934. Nella Commissione scoppia la guerra. L'obiezione più forte, fatta dall'avvocato del diavolo, quello che svolge il ruolo di pubblico ministero e si contrappone al relatore, è la seguente: «Don Bosco, così impegnato, quando pregava?» Risolse la questione il cardinale Schuster, che allora era abate benedettino a San Paolo fuori le mura e membro della Commissione generale della canonizzazione e che poi diventò arcivescovo di Milano. Si rivolse al cardinale avvocato del diavolo con queste parole: «Eminenza, mi dica, quand'è che don Bosco non pregava?» Questo benedetto rapporto col papà.

Quando parli con Dio ti rivolgi a lui chiamandolo papà?

Sì, papà. Gli dico: «Papà, lo so che anch'io sono una merda, ma di queste merde qui cosa facciamo?»

La tua preghiera è sotto forma di dialogo?

Un dialogo continuo. Prima di coricarmi, all'alba, ricordo tutti i morti, soprattutto quelli di overdose e i desaparecidos. Mi sono venute a trovare qui in comunità per tre volte le madri dei desaparecidos, c'era anche Hebe de Bonafini, la presidente delle Madres de Plaza de Mayo. L'ultima volta, nel 2001, dopo che erano state in udienza dal papa. Udienza privata in una saletta in Vaticano. Con Giovanni Paolo II c'era anche un monsignore. Mi ha raccontato mamma Hebe: «Alla fine dell'udienza il monsignore ci informa che il Santo Padre ci avrebbe regalato il rosario benedetto». Il papa lo consegna per prima a Hebe. Lei aveva in segno di lutto il velo nero, si inginocchia e dice: «Santo Padre, non posso ricevere il rosario benedetto fintanto che lei tiene al suo fianco, nel governo della Chiesa, sua eminenza il cardinale Laghi». Pio Laghi fu nunzio apostolico in Argentina durante la dittatura. Chiesi a Hebe cosa era successo dopo le sue parole. «Preghiamo» fu la risposta di Wojtyla.

Un altro grande cristiano è monsignor Ilario Capucci, vescovo cattolico-melchita di Gerusalemme, nato a Betlemme, ha ancora parenti in Palestina. Durante la prima Intifada fu incarcerato per quattro anni e mezzo a Tel Aviv. La condanna era di dodici anni. Fu salvato e portato in Vaticano da Paolo VI con la proibizione di tornare a Gerusalemme. Dopo qualche anno mi telefonò: «Mi hanno dato il permesso di tornare a Gerusalemme, con la proibizione di andare nei territori palestinesi». Gli chiesi quale fu la sua risposta: «Non ci vado».

Ti parlo ancora di monsignor Capucci, molto autoironico con un grande senso dell'umorismo, all'orientale, lui in Oriente è stato anche monaco. Viene a Genova e mi racconta di un suo incontro con Giovanni Paolo II. È il periodo della guerra nella ex Jugoslavia.

Dopo la carneficina e gli stupri nella Bosnia Erzegovina, Wojtyla manda un messaggio di amore e di solidarietà alle donne stuprate, fra queste anche tante suore, che avevano deciso di non tenere il frutto della violenza. Nel messaggio scrive: «Perché non accettate questo grande disegno di Dio, anche voi religiose?» Monsignor Capucci lo legge e pensa: «Crede di essere Dio». Chiede un'udienza al papa e quando lo incontra, all'orientale, si prostra completamente ai suoi piedi, e lui: «Si alzi eccellenza». Capucci alzandosi gli dice: «Santità questa sua solidarietà però mette in difficoltà le donne, le religiose di fronte agli stupri». Il papa lo prende per un braccio e gli ribadisce il concetto della maternità con molta più energia. Racconta Capucci: «Allora l'ho preso io per un braccio, l'ho guardato bene negli occhi e gli ho detto: "Santo Padre crederà mica di essere il Padreterno?" E lui in risposta: "Preghiamo"».

Più volte ti ho sentito citare don Lorenzo Milani, fare riferimento a un suo insegnamento: «L'obbedienza non è più una virtù».

Don Milani è stato un mio maestro. Nel 1965 i cappellani militari in congedo si riunirono in congresso e nell'occasione sostennero che l'obiezione di coscienza era un insulto alla patria e ai suoi caduti perché «estranea al comandamento dell'amore, è espressione di viltà». Don Milani, dopo un lungo confronto con i ragazzi di Barbiana, scrisse una lettera indirizzata ai cappellani che fu pubblicata sui quotidiani.

Non discuterò qui l'idea di patria in sé. Non mi piacciono queste divisioni. Se voi però avete diritto di dividere il mondo in italiani e stranieri allora vi dirò che, nel vostro senso, io non ho patria e reclamo il diritto di dividere il mondo in diseredati e oppressi da un lato, privilegiati e oppressori dall'altro. Gli uni son la mia patria, gli altri i miei stranieri.

Riferendosi alla Costituzione della Repubblica, in particolare agli articoli 11 «L'Italia ripudia la guerra come strumento di offesa alla libertà degli altri popoli» e 52 «La difesa della patria è sacro dovere del cittadino», ai cappellani fece le seguenti domande:

Misuriamo con questo metro le guerre cui è stato chiamato il popolo italiano in un secolo di storia. Se vedremo che la storia del nostro esercito è tutta intessuta di offese alle patrie degli altri dovrete chiarirci se in quei casi i soldati dovevano obbedire o obiettare quel che dettava la loro coscienza. E poi dovrete spiegarci chi difese più la patria e l'onore della patria: quelli che obiettarono o quelli che obbedendo resero odiosa la nostra patria a tutto il mondo civile? Basta coi discorsi altisonanti e generici. Scendete nel pratico. Diteci esattamente cosa avete insegnato ai soldati. L'obbedienza a ogni costo? E se l'ordine era il bombardamento dei civili, un'azione di rappresaglia su un villaggio inerme, l'esecuzione sommaria dei partigiani, l'uso delle armi atomiche, batteriologiche, chimiche, la tortura, l'esecuzione d'ostaggi, i processi sommari per semplici sospetti, le decimazioni (scegliere a sorte qualche soldato della patria e fucilarlo per incutere terrore negli altri soldati della patria), una guerra di evidenti aggressioni, l'ordine d'un ufficiale ribelle al popolo sovrano, le repressioni di manifestazioni popolari?

Concludendo così:

Se volete diciamo: preghiamo per quegli infelici che, avvelenati senza loro colpa da una propaganda d'odio, si son sacrificati per il solo malinteso ideale di patria calpestando senza avvedersene ogni altro nobile ideale umano.

I cappellani militari denunciarono il priore di Barbiana all'autorità giudiziaria, che venne, subito dopo, convocato dal giudice. Don Milani, già molto ammalato, impossibilitato a presentarsi direttamente, mandò uno scritto che contiene un passaggio per me fondamentale:

Anche il maestro è dunque in qualche modo fuori dal vostro ordinamento e pure al suo servizio. Se lo condannate attenterete al progresso legislativo. In quanto alla loro vita di giovani sovrani domani, non posso dire ai miei ragazzi che l'unico modo d'amare la legge è d'obbedirla. Posso solo dir loro che essi dovranno tenere in tale onore le leggi degli uomini, per osservarle quando sono giuste (cioè quando sono la forza del debole). Quando invece vedranno che non sono giuste (cioè quando sanzionano il sopruso del forte) essi dovranno battersi perché siano cambiate. La leva ufficiale per cambiare la legge è il voto. La Costituzione gli affianca anche quella dello sciopero. Ma la vera tra queste due leve del potere è influire con la parola e con l'esempio sugli altri votanti e scioperanti.

L'obbedienza deve rispondere alla coscienza. Don Milani mi ha aiutato a capire che l'umanità si divide in due categorie: le persone che contano qualcosa e quelle che non contano. Quando si appartiene alla seconda dopo un po' diventa naturale pensare di non contare niente. Questo non allevia la sofferenza.

Perché sei stato definito «angelicamente anarchico»?

«Anarchico» per il mio modo di essere, mentre «angelicamente» non perché io sia esente dai peccati degli uomini, sono un peccatore come tutti, ma per la scelta che ho fatto di seguire il messaggio di Gesù e dei grandi maestri: don Milani, don Mazzolari, Gandhi, che è quello della non violenza. Mi hanno definito angelicamente anarchico perché sono felice e libero.

"Angelicamente" credo che sia la giusta defini- zione di come stai facendo trascorre la tua vita. Angelicamente da angelo, credo che così ti veda il bisognoso che raccogli nel ghetto o il tossico che accogli a San Benedetto al Porto.

Se vuoi possiamo parlare di tossicodipen- denza, di drogati, per farlo dobbiamo parlare anche di autodeterminazione. Il concetto di don Milani, «l'obbedienza non è più una virtù», calza perfettamente.

I cattolici intransigenti definiscono l'autode- terminazione come il relativismo cristiano. Io considero questo un'accusa che dovrebbero estendere al concilio Vaticano II, in quanto afferma: «L'uomo può volgersi al bene soltan- to nella libertà».

A proposito di tossicodipendenza, la prima legge è del 1975, qualche aspetto positivo l'aveva. Peggio della Fini-Giovanardi non potevano fare. Hanno unificato tutte le droghe, non c'è più divisione tra droghe leggere e pesanti. Io la definisco la legge deficiente. I tos- sicodipendenti sono stati massacrati. Pensa quanti complici con la proibizione. Perché proibisci le sostanze? Chi sei tu per farlo? Basta con le ipocrisie. Le sostanze sono già libere, il fatto grave è che ciò avviene senza nessun controllo. In una scuola dissi: «Datemi i soldi e fra un'ora torno con tutta la roba che mi ordinate.» Ero a Casale, in un liceo, una signora che partecipava all'incontro mi disse: «Don Gallo mi piace come parla, lei coinvolge i giovani. Però bisogna dire che queste droghe fanno male». Io le chiesi di cosa si occupasse. «Sono la psicologa del liceo e faccio parte dell'equipe» mi rispose. Quando lei era intervenuta l'avevo seguita attentamente, le dissi: «Intanto quando hai parlato di droghe non ho capito niente. Cosa vuol dire droghe? Mi devi dire se ti riferisci all'eroina, alla cocaina, all'Lsd o alla Cannabis. Non puoi usare il termine generico di "droghe"». Poi le feci una domanda: «Ti piace lo zucchero?» La psicologa mi guardò e dall'espressione capii che mi avrebbe voluto dire: «Cosa c'entra lo zucchero?» Continuai: «Ti ho chiesto se ti piace lo zucchero. Zucchero, non ho detto alcol, nicotina. Lo zucchero ti piace sì o no?» Finalmente mi rispose: «Eccome se mi piace». «Dimmi un po'» aggiunsi, «se cominci ad abusare dello zucchero che cosa ti viene?» Gli studenti in coro: «Il diabete». «Hai sentito?» conclusi, «così ti becchi minimo due o tre iniezioni di insulina al giorno». La psicologa rimase di stucco. Questo è il principio dell'autodeterminazione. Sono certo che la droga sia un inganno che porta all'autodistruzione. Lo urlerò fin quando avrò voce. Quanti anni devono passare ancora prima che questo messaggio venga accolto da tutti? Nell'attesa cosa posso fare in concreto? Non posso che tentare di far nascere strutture di prevenzione, cura e riduzione del danno, e continuare a girare per le vie di Genova con le unità di strada, distribuendo materiale informativo, ma anche siringhe e profilattici.

Definisci la tossicodipendenza nella nostra società.

Strage mafiosa. Senza dimenticare le responsabilità personali. Nel Medioevo sarebbero partiti da una domanda che è poi una considerazione: tutto questo commercio *cui prodest*? A chi giova? Al narcotraffico, la risposta.

Un famoso giornalista mi ha spiegato che la mafia prima di mettere sul mercato la droga compie alcune indagini nel tentativo di verificare la richiesta e la disponibilità economica. Nel momento in cui decide di coprire un territorio la criminalità organizzata si dà un'impostazione "industriale".

Quando è andato in pensione il questore di Genova Presenti gli ho detto: «Senti Salvatore, perché non metti uno striscione all'entrata della Questura, ben leggibile: la guerra al traffico della droga è fallita». Mi ha risposto: «È vero».

È venuto a Genova l'onorevole Giovanardi per invitarmi a Trieste alla conferenza sulla droga. Io gli ho risposto che ci sarei andato.

Abbiamo cominciamo a discutere sulla sua legge. Lui è convinto di aver fatto una buona cosa: «Basta applicarla». «Più della metà dei carcerati sono tossicodipendenti» gli ho risposto. Giovanardi è un grande testardo.

La tossicodipendenza è una tragedia. Ci sono più drogati in carcere che nelle comunità terapeutiche. Perché? Un tossicodipendente in carcere costa allo Stato trecento euro al giorno, mentre alla comunità ne danno cinquanta. Grazie alla legge Fini-Giovanardi la disorganizzazione è pazzesca. I Sert, servizi per le tossicodipendenze, non hanno budget. Per entrare in comunità terapeutica un giovane rischia di rimanere in lista d'attesa per un tempo lunghissimo, a meno che non abbia una raccomandazione di almeno tre ministri. Se il ragazzo viene accolto comunque, e durante un controllo viene scoperto, sono grane. Le grane ci sono sempre: controllano addirittura se hai messo il pedale per far scorrere l'acqua del lavandino, o la scala attrezzata per gli handicappati. Io replico: «Quando ne avremo bisogno faremo i lavori».

Il giorno del nostro incontro, Giovanardi mi chiese anche di partecipare a uno spot tv per il ministero: «Don Gallo dovrai essere il nostro testimonial, abbiamo già preparato lo slogan». Rimasi perplesso, gli domandai lo stesso qual era lo slogan. Il sottosegretario: «Chi fuma lo spinello buca il cervello». «Carlo tu non hai bisogno di fumare lo spinello» fu la mia risposta.

Vieni ordinato sacerdote nel 1959, il tuo primo incarico è quello di cappellano alla nave riformatorio per minori Garaventa, dove dimostri subito che il tuo rapporto con i ragazzi e i tuoi metodi sono diversi.

Ero al collegio Don Bosco San Pier d'Arena da un anno, mi mandano a Genova dove c'era un'antica tradizione, ormai scomparsa. All'inizio del Novecento, un professore che insegnava matematica al liceo, vedendo molti ragazzi abbandonati di qua e di là per il porto, in città erano conosciuti come "piccoli delinquenti", dissi: «Perché non li facciamo marinaretti?» La Marina gli mise a disposizione una nave che poi prese il suo nome: Nicolò Garaventa, il professore la trasformò in una scuola-officina di redenzione sul mare, una specie di collegio galleggiante dove i ragazzi imparavano a diventare marinai. Io sono stato lì dal 1960 al 1963. Con il comandante Carlo Peirano, che è morto lo scorso anno, cieco e ultra novantenne, facemmo un blitz andando nel cantiere di Spezia dove la stavano sistemando. Era stata varata con il nome Nave redenzione Garaventa. Io proposi: «Non scrivete redenzione ma scuola». Pagando varie cene siamo riusciti a far cambiare il nome in Nave scuola Garaventa. Quando i rimorchiatori la riportarono a Genova, non ti dico cosa accadde, ma ormai il nome era stato cambiato e la Marina, per fortuna, capì il significato.

Questo fatto fu importante perché i ragazzi si vergognavano del termine redenzione. Mi ricordo che li portavo a passeggio. I più grandi mettevano il berretto da marinaio.

Lì capisci che fiducia e libertà devono prendere il posto dei metodi repressivi.

Conosci il *Sillabo* di Pio IX? Fu pubblicato nel 1864 in appendice alla sua enciclica per condannare i principali errori del mondo moderno. Quando studiavo questi scritti, diventavo matto. Pio IX scrive che chi sostiene il primato della coscienza personale, *anathema sit*, non ha il diritto al processo. Nel codice del diritto canonico, invece, c'è scritto: «*Lata sententia, non ferenda*», istituisci cos'hai detto e hai la possibilità di difenderti. Col concilio Vaticano II ormai è assodato il primato della coscienza personale. Una volta il cardinale Giovanni Canestri, quando era il nostro vescovo, contestò la mia posizione sull'uso dei preservativi, perché durante un dibattito sull'Aids Serena Dandini mi chiese: «Don Gallo cosa diciamo ai nostri vescovi sui preservativi?» «Cara Serena, diremo: chi va a puttane deve usarlo». «Eminenza, se ci fosse il rogo lei sarebbe bruciato». «Cosa dici?» mi rispose. «Cosa dico? Il primato della coscienza personale è dottrina certa» replicai. Sono assolutamente d'accordo sull'uso del preservativo nei rapporti sessuali. Per chiarire meglio questo concetto, affermo che come prete devo fare il possibile perché l'errore, una volta commesso, sia superato e le cause rimosse. Posso solo proporre non imporre.

Sono d'accordo con quello che sosteneva l'Abbé Pierre e l'ho fatto mio: «A due fidanzati, che hanno avuto rapporti prematrimoniali, dico che hanno commesso un peccato. Se non hanno usato il preservativo dico che hanno commesso un atto criminale».

Pensa cos'è stato Franco Basaglia. Io l'ho conosciuto. La vedova, Franca Ongaro veniva sempre qui, cara donna. Faceva la psicologa. Basaglia era specializzato in malattie nervose e mentali. Insegnava da tredici anni psichiatria a Venezia, per le sue idee non era ben visto dal mondo accademico. Disse al suo barone: «Qui che cosa facciamo? Noi scienziati cataloghiamo: schizofrenico, paranoico, pericoloso, manicomio. Si rende conto che qui dichiariamo la morte civile attraverso una lenta agonia della persona». Si dimise dall'università e andò a Gorizia a dirigere l'ospedale psichiatrico. Soffrì moltissimo per aver lasciato tutto. L'impatto con il manicomio fu duro. Cominciò ad applicare le sue idee eliminando tutti i tipi di contenzione fisica, le terapie come l'elettroshock. Lasciò aperti i cancelli dei reparti e gli ammalati potevano entrare e uscire. Cambiò completamente il rapporto con il malato e il manicomio cominciò ad assomigliare sempre più a una comunità terapeutica. Incontrò il presidente della Provincia di Trieste, un demo-

In Viaggio con don Gallo

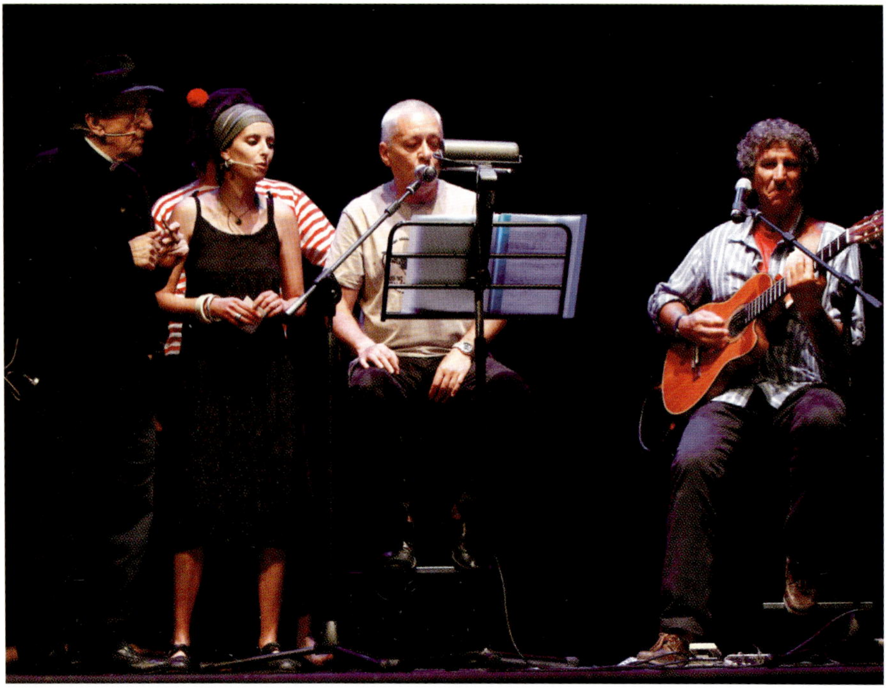

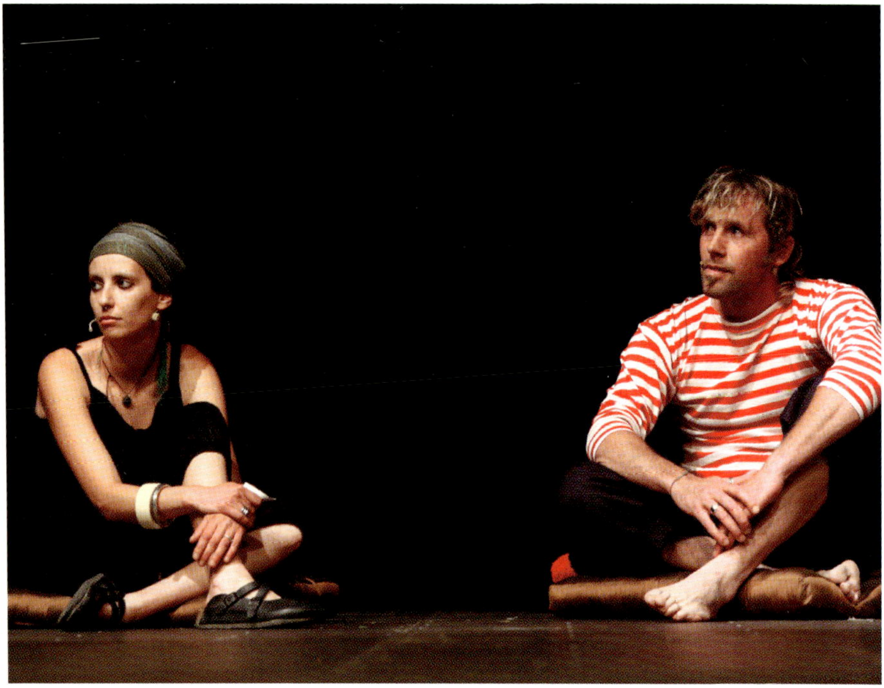

cristiano giovane, illuminato, che credette in lui: «Io sono pronto a sostenerla se lei porta le sue idee a Trieste».

Basaglia si trasferì lì al manicomio San Giovanni, negli anni divententò sperimentale, e venne chiuso nel 1977. L'anno dopo quell'esperienza venne approvata la legge di Riforma psichiatrica. Dalla 180 non si è più tornati indietro. Basaglia sosteneva: «Liberarsi dalla necessità del manicomio». Ogni persona è parte vitale della comunità, anche se ha compiuto un reato, è tossicodipendente o malato di mente, altrimenti significa emarginarla dal corpo sociale. Nella Bibbia non esiste l'emarginazione del "colpevole". L'eterna guerra tra il bene e il male non si risolve isolando l'uno a vantaggio dell'altro. Il bene e il male vivono dentro di noi e sono inseparabili. Dobbiamo entrare nel conflitto alleandoci con il bene che è presente in ogni persona.

Sulla nave scuola Garaventa tentai di dare fiducia ai ragazzi invece di reprimerli. Appena arrivato mi assegnarono alla lettura dei fascicoli. Mi annoiavo. Non mi importava del loro passato, mi interessava il loro futuro, che non poteva cominciare con l'uso di metodi repressivi.

Nonostante il tuo impegno i tuoi superiori, senza spiegarti le motivazioni decidono di rimuoverti dall'incarico. A quel punto prendi una decisione importante per la tua vita di prete: lasci i salesiani.

La congregazione si era troppo istituziona-lizzata e mi impediva di vivere pienamente la mia vocazione di sacerdote.

Abbandonai l'ordine per entrare nella dioce-si di Genova. Feci regolare richiesta alla curia. Fui convocato dal cardinale Siri: «Don Andrea non posso dirti di sì» mi disse, «perché alcuni confratelli hanno mosso delle accuse nei tuoi confronti». Ci rimasi molto male. Gli doman-dai cosa aveva risposto alle accuse. Lui: «Li ho ascoltati invitandoli a metterle per iscritto per potertele far leggere. Gli ho dato tre giorni di tempo». Tornai da Siri dopo tre giorni. «Sii il benvenuto nella diocesi di Genova» mi disse sorridendomi. Era il 1964 ed entrai in prova per tre anni. Chissà quante volte il cardinal Siri si pentì di avermi accolto.

Dopo i tre anni, come prevede il codice, furo-no radunati i cinque della commissione, per decidere se confermarmi o meno. Aveva orga-nizzato tutto Siri con l'intento di mandarmi a quel paese. Mi ricordo che in commissione c'era un parroco del centro storico di Genova, aveva la parrocchia in via del Campo, monsignor Luigi Cambiaso, mi voleva bene. Non sapevo il giorno in cui i cinque "saggi" si sarebbero incontrati. Cambiaso, inaspettatamente mi tele-fonò: «Tre a due». Risposi: «Cos'è, monsignore, una partita di calcio?» Sai, era genovese, parla-va in vernacolo. «S'è radunata la commissione in segreto, inizialmente doveva decidere se accoglierti in diocesi per altri tre anni di prova, il cardinale invece ha deciso che il voto doveva essere definitivo: o accolto o respinto. Voto finale: tre a due». La maggioranza votò a mio favore, così sono stato incardinato definitivamente nella diocesi genovese.

Nel 1964, appena arrivato mi chiamò il vicario. A venti chilometri da Genova, dopo i Giovi, c'è un paese, Isola del Cantone, il monsignore mi disse: «Ci vai a Natale a dare una mano?» Risposi: «Monsignore, ci mancherebbe altro». Dopo due giorni mi chiamò ancora: «Don Andrea ci abbiamo ripensato». Io da sempre sto molto attento ai segni. «Dovresti andare da un povero parroco che è solo». «Dove?» «All'isola di Capraia». «Ci vado subito».

Passai i venti giorni di Natale con questo povero parroco. La parrocchia era ancora della diocesi di Genova, per via dell'antica Repubblica. Fu una ripicca del cardinale Dalmazio Minoretti che era veramente antifascista. Pensa che nel 1931 inaugurarono il grande transatlantico Rex, con tanto di nastro azzurro. Il prefetto, mesi prima, andò personalmente a invitarlo per la benedizione del grande varo. Il cardinale gli rispose: «Prefetto, io vengo col tale, il tale e il tale». «Venga un po' con chi vuole» replicò il prefetto. «Guardi, eccellenza, che i tre signori che le ho segnalato sono al confino. Se non ci sono quei tre, io non vengo. Anzi vado nella parrocchia di Sestri, che è subito dietro il cantiere, a celebrare la messa. Che non si dica che il cardinale non è intervenuto perché ammalato». Quando nel 1938, Mussolini già gran Duce d'Italia, venne a Genova, in prefettura organizzarono un grande ricevimento alla presenza di tutte le autorità possibili e immaginabili, il cardinale Minoretti, arcivescovo della città, che abitava a un chilometro dalla prefettura, fu l'unico assente.

Mi è capitato di leggere i telegrammi inviati dai vescovi d'Italia al Duce per la battaglia del grano. Una cosa assurda. Mussolini fece coltivare il grano dappertutto, abbattendo alberi a destra e a manca. Era una sceneggiata con la comica finale: lui arrivava sulla mietitrebbia a torso nudo. Era un grande populista. Tra i tanti telegrammi ho letto anche quello dell'arcivescovo di Genova: «Invoco la benedizione di Dio su tutti i contadini d'Italia. Punto. Cardinal Minoretti». Mentre gli altri vescovi: «Il Duce ha illuminato...», e via dicendo.

Andai ad aiutare l'anziano parroco. Capraia era un'isola abbandonata, adibita totalmente a istituto penitenziario e basta. Del parroco diventai amico. Aveva un'anziana madre e quando andava a trovarla tornavo sull'isola a sostituirlo. Lì fui a contatto con la miseria del carcere, che fu chiuso solo molto tempo dopo, nel 1986.

Nel 1965 vieni mandato come vice parroco alla chiesa del Carmine. Lì cominciano i tuoi guai.

Era da poco finito il concilio Vaticano II. La parrocchia era a duecento metri dalla facoltà di Lettere di via Balbi, che fu poi al centro dei movimenti di protesta del '68. Due insegnanti aderirono alla lotta armata: Enrico Fenzi e Gianfranco Farina. Ancora più vicino alla parrocchia c'era il liceo classico, altro luogo della contestazione. Era un quartiere popolare abitato da portuali e operai, con un mercato rionale indecente, però con tanta attività: era sorto un gruppo di Autonomia operaia e vi erano scout ben organizzati. Alcuni mi vengono ancora a trovare. Per la presenza dell'università la zona era frequentata anche da famiglie benestanti. I giovani avevano scoperto l'impegno civile e dibattevano sulla riforma scolastica. Le persone si incontravano, discutevano, protestavano, occupavano. Erano nate le prime comuni. I miei parrocchiani erano in cammino e sentii subito il fortissimo richiamo a camminare con loro. La parrocchia diventò per tutti un punto di riferimento.

In chiesa, alla messa di mezzogiorno, parlavo dei temi di attualità. Mi ricordo che dedicai una predica alla guerra del Vietnam. Dissi: «Non credo che sia evangelico tirar le bombe al napalm». Portavo in chiesa il Vangelo e il giornale: ecco il mio impegno civile, li mettevo su due leggii diversi.

Qual era il giornale che leggevi in chiesa?

Qualsiasi. Credo che la prima volta portai la prima copia del «Manifesto». In comunità siamo ancora abbonati. Abbiamo fatto tante iniziative per tirar su quattro soldi per la testata. Siamo abbonati anche al «Fatto Quotidiano».

La chiesa del Carmine è molto grande, è un vecchio convento carmelitano. La messa era seguita da tante persone. Una volta, mentre stavo facendo la predica, si alzò uno e gridò: «Lei è un comunista». «Vieni al microfono a dire queste cose» gli risposi. Pensa che secondo la scaletta che mi ero preparato, dovevo parlare dei carri armati sovietici che avevano invaso Praga. Divenni la pietra dello scandalo per una parte della curia.

Il cardinale Siri, durante un'udienza mi prese da parte e con l'ironia, di cui era capace, mi disse: «Ho saputo che vai spesso in processione». Si riferiva alle manifestazioni, ai cortei lungo le strade di Genova. Poi aggiunse: «Io conosco bene tutte le litanie dei santi, ma non ho mai sentito nominare quello che continui a invocare con i tuoi parrocchiani: Ho Chi Minh».

Eri accusato di fare politica durante le prediche invece di parlare di religione.

Allora se eri un po' conosciuto o avevi un nome importante in città venivi sbattuto in prima pagina. Quando fu scoperta la fumeria, tra i giovani fermati c'era anche la nipote del cardinale Siri, che abitava al Carmine ed era una mia amica. Si chiamava Paola. Mi disse: «Lo sai che lo zio mi ha telefonato dicendomi di non preoccuparmi dei giornalai». Siri usava sempre certe espressioni.

Il sindaco di allora era Fulvio Cerofolini, ex ferroviere, amico mio, siamo nati nello stesso anno. Un giorno lui e il cardinale Siri erano seduti vicini a tavola, non ricordo in quale occasione. Il sindaco, che stava dalla mia parte, ne approfittò per elogiarmi. Sai lui era un socialista: «Eminenza, don Gallo è il cacio sui maccheroni per i giovani». «Sì, è vero signor sindaco, ma se io volessi don Gallo lo farei sparire così» gli disse facendo, contemporaneamente, schioccare le dita.

Era maggio 1970. Il vescovo ausiliare, tutto solenne, mi convocò per dirmi: «Don Andrea sua eminenza, ti nomina arciprete». Io non ero nessuno, il titolo di arciprete è importante nella Chiesa. «Ah sì? Arciprete significa che mi date anche una parrocchia importante. Dove?» risposi. La nomina ad arciprete fu presa a pretesto per mandarmi via dal Carmine. Tra me e la curia si creò un forte dissenso. Tutte le volte che il cardinale Siri interveniva pubblicamente, replicavo: «Non sono d'accordo». Con questo tentativo di mandarmi via dimostrarono di essere stupidi, e di non conoscere il diritto canonico. Il diritto canonico è come una lama. I giudici, siccome la nomina ad arciprete è un binario morto per la carriera ecclesiastica, quando si tratta di scegliere tra le ragioni del prete o del vescovo, col codice in mano, se possono, danno sempre ragione al prete.

Il vescovo ausiliario mi disse: «Ti assegniamo a Capraia». Capraia la conoscevo bene. Siccome il codice dice che nel conferimento di un beneficio ecclesiastico è indispensabile l'accettazione libera del beneficiato, io risposi al vescovo ausiliario: «*Domine non sum dignus*», Signore non sono degno. «Ma no, vedrai, ti accompagno io il primo giorno, andiamo giù col cacciatorpediniere». L'arcivescovo di Genova aveva anche il titolo di Legato transmarino, cioè era inviato, in rappresentanza della Sede apostolica, nelle terre lontane, quindi, se lo chiedeva, aveva diritto a una nave, oltretutto militare. Tu immagina se io fossi arrivato lì, nel nome del Signore, su un cacciatorpediniere...

Quando hanno varato mezza portaerei Cavour, io e padre Alex Zanotelli, avevamo saputo dagli operai che il cardinale Bertone era stato invitato a benedirla. Gli abbiamo scritto: «Eminenza se lei va a benedire la portaerei, commette peccato mortale». Bertone è andato a benedirla lo stesso. Non so se poi ha confessato il peccato, da me non è venuto.

La Cavour è la portaerei che è stata mandata ad Haiti con gli aiuti urgenti per i terremotati. Sono arrivati dopo otto giorni. Per fortuna che gli aiuti erano urgenti. Di queste navi non sanno cosa farsene e costano tantissimo alla comunità. Dalla Seconda guerra mondiale, nel Mediterraneo è presente la Sesta flotta, che dà solo fastidio. Il Mediterraneo è tutto presidiato dagli americani. L'Enterprise, l'Indipendence... tra Marsiglia e Napoli hanno tre o quattro portaerei. A Napoli poi non c'è un metro di mare che non sia militarizzato.

Torniamo al mio trasferimento. Dopo aver detto di no alla nomina di arciprete a Capraia, rimasi in attesa di destinazione. Nel frattempo i parrocchiani mandarono una lettera di protesta con oltre duemilatrecento firme. Quelli della curia arrivarono al punto di telefonare a mia madre perché facesse pressione su di me affinché scegliessi l'obbedienza o altrimenti sarebbe stata una catastrofe. Avevo deciso di non contestare.

Com'era il tuo rapporto con il cardinale Giuseppe Siri che fu arcivescovo di Genova per oltre quarant'anni?

Qualche anno fa una persona di una certa età ha consegnato alla comunità una lettera di tanti anni prima, con i simboli della curia e a firma del cardinale, nella quale io sono definito «povero prete». Siri conferma nei miei confronti la posizione assunta nel 1970. Scriveva il cardinale: «Le ragioni per rimuoverlo c'erano ed erano obiettive. Don Gallo non è cambiato, è lo stesso prete ostinato e contrario di allora». Siri è stato un grande arcivescovo e ha sempre avuto tutta la mia stima, ma allora non aveva capito nulla, perché male informato, di ciò che stava succedendo. L'ho incontrato parecchie volte. Tra noi parlavamo in vernacolo, lui mi dava del tu, io lo chiamavo sempre eminenza. Era capace, a un certo punto dell'udienza, di cambiare completamente, anche nell'espressioni verbali, passando all'italiano e dandomi del lei: «Allora, lei reverendo…» Quando accadeva gli dicevo: «Eminenza, ho visto che in anticamera c'è gente…» E lui: «Sarà meglio». Una volta mi chiese, indicandomi una poltroncina medievale: «Sai chi c'era seduto lì la settimana scorsa?», «Eminenza non sono un indovino» risposi. E lui: «Te lo dico io. Enrico Berlinguer». «Davvero?» replicai. «È venuto a chiedermi dei consigli». Andai alla sede del partito ma nessuno ne volle parlare. Non ho mai saputo se quell'incontro ci fu veramente. La sensazione che ho sempre avuto è che l'incontro non si fece. Siri mi chiedeva, quasi sempre, di raccontargli barzellette che lo riguardavano. «Raccontami l'ultima barzelletta che gira su di me» mi diceva. All'inizio cercavo di evitare, ma lui insisteva e io finivo per raccontargliela. C'era un prete, un amico che mi teneva aggiornato, le imparava, non a Genova ma alla concistoriale di Roma.

Il cardinale era stato tra i favoriti per diventare papa nei due conclavi del 1978, quando furono eletti prima Luciani e poi Wojtyla. La barzelletta era giocata tutta sul suo cognome:

«Muore il papa che si fa? SIRIvà al conclave, SIRIelegge il papa, SIRItorna a Genova». «L'hai inventata tu» mi disse. «Magari» gli risposi, «farei l'autore». «Ricordati» mi confidò con volto malinconico, «quando apriranno gli archivi vaticani, tutti sapranno che Siri non è tornato sconfitto, ma perdente». Stavo per chiedergli cosa intendesse dire, ma lui si era già alzato. Quando si alzava voleva dire che dovevi andartene, l'udienza era finita. Quella frase mi incuriosì molto. Nel tempo, muovendo le mie talpe romane, venni a sapere che probabilmente Siri era stato eletto papa, andò in crisi, e rinunciò.

A proposito dei segni a cui facevi riferimento. Tutta la tua vita, dalla vocazione, al maestro don Bosco, al lavoro iniziato al Carmine, ha sempre avuto come punto di riferimento i giovani, gli umili. La nascita della comunità San Domenico al Porto ha rappresentato l'arrivo. In sostanza per tutta la vita hai inseguito questo momento.

Capii che la curia non mi avrebbe mai mandato da nessuna parte. Per questo mi rivolsi, grazie a un consiglio di un amico, a don Federico Rebora. Il parroco di San Benedetto, quando gli parlai per la prima volta, mi rispose semplicemente: «Venite». Io e i miei ragazzi siamo accampati lì da quarant'anni.

Don Federico è un santo. Quando qualcuno si lamenta con lui per la nostra presenza nel quartiere, risponde: «Accogliendo questo greg-ge, ho seguito il Vangelo. Visto che siete i padroni della baracca, venite voi a mandarci via». Qualche anno dopo è nata la comunità di base San Benedetto al Porto. Iniziai con un gruppo di amici. La comunità è di accoglienza, aperta a tutti, giovani e vecchi, uomini e donne, italiani e stranieri, droga, alcolismo, disoccupazione, patologie fisiche, psicologi-che, psichiatriche, solitudine, disperazione.

A breve distanza dalla comunità c'è la stazione di Porta Principe, il complesso dei Cavalieri di Malta, l'intreccio di strade che scendono fino a piazza Caricamento, fra cui via Prè e via del Campo, cantate da De André. Dalla porta della comunità di San Benedetto si passa per rifiatare, rimettersi in sesto e tornare a navigare fra i marosi della vita con la forza della propria per-sonalità. Dopo un periodo di recupero fisico e psicologico, i ragazzi vengono avviati al lavoro nelle attività imprenditoriali della comunità, che sono quattro cooperative sociali, negozi e botte-ghe artigiane, una trattoria e un albergo a Santo Domingo. Poi, autonomamente, iniziano a muo-versi nella vita di tutti i giorni.

Ho letto che hai faticato ad accettare la parola "comunità" e sotto sotto non la ritieni ancora giu-sta per identificare quello che avete fatto in questi quarant'anni.

Non so ancora se è una comunità. I giovani

a un certo punto hanno cominciato a volere le locandine, la carta intestata. Inizialmente non ero d'accordo, ritenevo che non dovevamo chiamarci comunità, poi invece è nata ufficialmente.

Al centro di San Domenico al Porto c'è la relazione, la comunione, la comunicazione, l'azione in comune, la porta è aperta a tutti. Per me la parola che la identifica meglio è: contaminazione, prendere coscienza della propria identità.

In Italia abbiamo di tutto: corruzione, cricche, caste, ma la cosa più vergognosa è la guerra tra i poveri. La Lega con la nascita della Padania sta istigando una guerra tra poveri. Alcuni esempi: i cittadini del Nord sono diversi da quelli del Sud, lo scandalo delle quote latte, il bene di pochi contro i sacrifici della maggior parte della comunità. Per questo parlo di contaminazione: l'oppresso deve prendere coscienza di se stesso.

Uno dei nostri maestri è Paulo Freire, che è stato un grande educatore e teorico della pedagogia critica, ha detto una verità assoluta che dobbiamo sempre tenere presente: «Nessuno si libera da solo». Neanche la Chiesa possiede la formula magica.

Cosa ti ha dato la comunità?

Devo a essa la mia maturazione come uomo, come cristiano, come prete. Io so che devo rispondere alla mia coscienza di fede, ma è stando in comunità che ho capito che devo rispondere anche alla mia coscienza civica. Non posso camminare e non sporcarmi le mani con la polis, con la città e con tutti suoi bisogni. Me lo diceva don Lorenzo Milani: «La politica è uscire tutti insieme dai problemi». Con una peculiarità: partendo sempre dagli ultimi. Loris, pensa alla scuola dove non c'è metodo più ingiusto che fare parti uguali con i diseguali. La comunità mi ha dato la maturità politica. Quando mi accusano che la mia attività è tutta orizzontale io dico: «La Croce ha bisogno di questo». Chi mi accusa risponde: «La fede ha bisogno dell'alto». Ecco perché parlo di contaminazione al cui centro deve stare il bene comune. È da chi sta alla base della piramide, dall'ultimo, e non dal vertice che bisogna partire. Il mio fine principale è mettermi sempre in discussione. Fino a quando San Benedetto mi darà l'esistenza voglio essere ogni giorno più uomo, più cristiano, più prete, più coordinatore, più anticapitalista, più antifascista…

A proposito di antifascismo, fui chiamato per un battesimo. Alla fine avevano organizzato una grande festa, prima di andarmene ho salutato il battezzato dicendo: «Ti auguro, caro bambino, di andare per il mondo. Ti auguro, caro bambino di essere sempre un antifascista». Era presente un giornalista che l'ha scritto sul giornale. Il giorno è successo un macello con la curia.

Racconta la storia di una ragazza o di un ragaz-
zo della comunità che ti porti dentro.

I grandi ricordi sono legati ai ragazzi morti di Aids. Ti racconto la nostra esperienza più recente che rappresenta un grande insegnamento in questo momento di repressione nei confronti dei rom, dei trans, dei diversi. Questa storia te la racconto anche perché ha coinvolto tutti in comunità. Un anno e otto mesi fa, viene da me una trans, Veronica, quarantacinque anni, con ventidue di lavoro nel ghetto. La conoscevo già da diverso tempo. Napoletana, famiglia operaia, diventata maggiorenne si presenta in casa e dice: «Io mi sento femmina». Ha preso botte da tutti. Cacciata da casa ha vagato un po' per l'Italia, poi si è fermata a Genova e come lavoro ha venduto il suo corpo per ventidue anni. Viene da me: «Don Gallo voglio dare un taglio radicale, voglio cambiare vita, smettere di fare la prostituta». Si vede subito quando uno è oppresso e prende coscienza. Quello è il momento in cui la persona ha bisogno di sentire la solidarietà che io chiamo amore. «Veronica conta pure sul mi aiuto» le dico. Lei puntualmente ogni settimana si presenta in comunità. Capisci, nessuno è irrecuperabile. Questa è la storia di un vinto, ce ne sono tanti, purtroppo, che sognano una casa, una famiglia, invece trovano l'abbandono, la disperazione. Non sono loro le vittime, sono io, siamo noi, perché non ci rendiamo conto dell'indifferenza. Mai come in questo momento nella nostra società il diverso deve diventare invisibile. Arriviamo al punto di affondare i clandestini. L'Occidente cristiano che fa fortezza per respingere gli emigranti, impedendo così il grande incontro culturale.

Dopo un po' di tempo che Veronica veniva da noi, un passo alla volta, le consiglio di andare in una nostra comunità residenziale a circa venti chilometri da Genova. Per farlo ha dovuto rinunciare al suo gatto, purtroppo c'è una disposizione dell'ufficio igiene che vieta i gatti. Questo per lei è stato un dolore profondo, ma la motivazione a cambiare vita era ancora più forte. Le propongo di rimanere lì un mese, per darle il tempo di riflettere, invece ha deciso di restarci per tre mesi. La sua fase ascensionale ha toccato tutti. Temevo che nel ghetto i compagni di lavoro la considerassero una privilegiata, invece no, tutti l'hanno aiutata anche economicamente. Veronica ce l'ha fatta a trovare la forza per una vera emancipazione. A febbraio siamo riusciti a farla assumere da una cooperativa e le abbiamo trovato anche un alloggio, grazie a un ragazzo che le ha messo a disposizione la sua casa, a lui non serviva perché stava partendo per la sede che abbiamo a Santo Domingo. Insieme a Veronica abbiamo fatto tutti i lavori di manutenzione: imbiancatura, allacciamento delle utenze. Oggi vive lì, felice, con il suo gatto. A Pasqua si è riconciliata con la famiglia, prima l'hanno cacciata di casa, poi hanno campato dei suoi soldi guadagnati con la prostituzione. Veronica mandava volentieri una parte dei suoi profitti a casa perché era la maniera per continuare ad avere rapporti con i parenti. La madre le raccomandava: «Non dirlo a papà». Figurati se lui non sapeva che era lei a mantenere la famiglia. Veronica viene sempre a San Domenico al Porto. Quando la incontro capisco che è finalmente felice.

Un giorno, credo durante il G8 o poco dopo, Mario Monicelli e Ettore Scola ti chiesero: «Riusciremo a sradicare dai giovani l'assenza di futuro?» Tu hai risposto con il motto della tua brigata partigiana: «Osare la speranza».

Pensa il particolare: la stessa domanda me l'hanno fatta in momenti diversi, Monicelli il mercoledì e Scola il giovedì. Monicelli, quando ho detto «Osare la speranza» mi ha risposto: «Non è sufficiente perché detta così cade nel buio», poi ha aggiunto: «Osare la speranza in un nuovo mondo». La speranza è data dalla forza del diritto. Come avvenne l'8 settembre del '43. Bisogna sempre decidere da che parte stare.

Il fenomeno migratorio chi è in grado di fermarlo? È come un fenomeno sismico. Siamo in grado di arrestare il terremoto? No. Sparare o affondare le barche che portano gli extracomunitari serve a qualche cosa? Per una nave che viene fermata ce ne sono altre cento pronte a solcare il mare. Quando «Osare la speranza» era il motto della brigata era chiaro che si riferiva alla liberazione dal fascismo.

Facciamo finta che la Terra sia un grande transatlantico come l'Andrea Doria. Il mare è in burrasca, sta entrando acqua, la nave è in balia delle onde. Mentre la tragedia rischia di compiersi, e tante persone tentano di rimanere aggrappate allo scafo per non affogare, all'ultimo piano c'è chi continua a suonare e a danzare, non curanti di quello che sta accadendo ai piani sottostanti. Se non si interviene in tempo, presto o tardi, anche chi sta in alto rischia di finire in mare, bisogna che tutti diano una mano nell'attesa dell'arrivo dei soccorsi. Una volta che la nave è tornata sicura andranno ricostruite le parti danneggiate, altrimenti il transatlantico alla prima turbolenza rischierà di affondare di nuovo. Questo è ciò che sta accadendo al pianeta. Bisogna costruire un nuovo mondo partendo dai bambini che devono avere tutti i diritti: la salute, la casa, la scuola, i giochi. In questo nuovo mondo ci deve essere giustizia, che non può esistere se non c'è anche l'amore. Tutto deve essere diviso fra tutti, nessuno escluso. Il mondo per essere definito nuovo deve vivere l'incontro tra i popoli nel rispetto delle diversità.

Don Gallo molto amato dalle persone, dai giovani, molto criticato dal potere. Un prete scomodo per-

*ché parla risvegliando le coscienze. Alcuni poliziot-
ti genovesi hanno scritto al papa perché ti conside-
rano un violento per le tue posizioni estreme contro
i servitori dello Stato, fanno riferimento a quando
sei salito sul palco a cantare* Genova Brucia *con
Simone Cristicchi, una canzone che accusa la polizia di violenza in occasione del G8 nel 2001.
Chiedono che tu sia allontanato dalla scena pubblica. Quello che mi colpisce è come sei stato definito:
un violento.*

È stato un sindacato di polizia, uno dei tanti:
il Coisp. Quando dicono che sono violento un
po' hanno ragione. La parola di Gesù è violenta:
«Io sono venuto a portare il fuoco sulla terra, e
come vorrei che fosse già acceso». Il fuoco che
divora tutti gli idoli. Io ho sempre avuto buoni
rapporti con questori e prefetti. Siamo riusciti a
fare un corteo durante il processo d'appello ai
ragazzi del G8 contro la richiesta di condanna. Il
prefetto Romano che diede l'autorizzazione
ricevette l'attacco di tutte le forze politiche, dal
Pd ai fascisti. Quando andammo in prefettura a
fare la richiesta di autorizzazione, mi disse: «In
quarant'anni di carriera non ero mai stato definito irresponsabile, ma voi avete il diritto di
manifestare, io vi do l'autorizzazione».

Facemmo un corteo straordinario con la partecipazione di cinquantamila ragazzi. Non accadde nulla. Quando il prefetto venne a novembre
in comunità mi disse: «Don Gallo una vetrina
potevate spaccarla».

In piazza, alla fine del corteo, parlarono solo Haidi Giuliani, la mamma di Carlo, e don Gallo. Nessuno dei rappresentanti dei partiti era presente, anche la Cgil che era venuta al primo incontro organizzativo si era ritirata. Quando salii sul palco, di fronte a tutti i centri sociali, ringraziai il prefetto e il questore: non ci fu un solo fischio.

Il testo della canzone di Simone Cristicchi si riferisce a quello che è scritto negli atti giudiziari. Lui è un ragazzo molto sensibile sembra un angelo. Una volta sul palco l'ho presentato come un angelo dai capelli neri. Va al concerto del Primo maggio esegue la canzone e il giorno dopo viene attaccato violentemente dalla stessa polizia che gli manda una lettera. Quei poliziotti scrivono: «Verremo ai tuoi concerti senza la divisa…» Qualche giorno dopo viene a Genova, si sente minacciato e non la canta. I giornalisti, subito vanno all'assalto e gli chiedono – visto che il 25 maggio avrebbe cantato ancora a Villa Serra che dista seicento metri dalla caserma Diaz, la vecchia sede della celere, ora diventata una scuola, dove i ragazzi, durante il G8, furono torturati – se, almeno in quell'occasione l'avrebbe cantata. Cristicchi rispose: «Se don Gallo viene sul palco la canto». Il 25 maggio ero regolarmente sul palco. Ho iniziato a parlare invitando i poliziotti in borghese a salire lì con noi. Nessuno si è mosso. Simone ha cantato *Genova brucia*.

Mi ricordo una missione un po' speciale
Genova 2001 vertice mondiale
sono un poliziotto del reparto celere
pronto alla guerra
ma più che una battaglia in strada sembra un carnevale
tutti questi pacifisti del cazzo
che si fanno chiamare popolo di Seattle
massa di straccioni con bandiere arcobaleni
che solo a guardarli in faccia già divento paonazzo.
Sono duecentomila e vogliono cambiare il mondo
e pensano che per cambiare basti un girotondo
io non so nemmeno chi ha ragione o chi ha torto
ma vuoi vedere che a 'sto giro qui ci scappa il morto?
Ognuno sceglie la sua forma di protesta
c'è chi ha steso fili di mutande fuori alla finestra
c'è chi vuole oltrepassare la zona rossa
c'è chi canta "Avanti popolo, alla riscossa!"
Genova brucia
sono autorizzato dallo Stato
eseguire gli ordini non è mica reato e quindi
Genova brucia
non faccio distinzioni donne, vecchi o bambini
potrebbe essere tuo figlio Carlo Giuliani.
Genova brucia
Mi ricordo una missione un po' speciale
Genova 2001 squilla il cellulare
con la suoneria di Faccetta Nera
sono fascista, non credo sia una cosa di cui mi debba
vergognare.
Zecche, parassiti e comunisti
ci mancava pure quella banda di teppisti
con la tuta nera ed il passamontagna in testa

con le spranghe fanno a pezzi tutto e ci rovinano la
festa.
Fate la carica e poi ve la date a gambe
tenete il manganello e la pallottola vagante
tute bianche si tingono di sangue
sudore e lacrimogeni sparati sulla gente.
Tu che ti rifugi nel cortile
prenderai più bombe che se fossi nato in Cile
la Costituzione come carta igienica
usala per pulirti il culo o tamponarti le ferite.
Genova brucia
Qui non serve a niente chiedere aiuto
piangi quanto vuoi non ti risponderà nessuno
non c'è Manu Chao e nemmeno il tuo avvocato
canta la mia filastrocca siamo al Bolzaneto
1,2,3 viva viva viva sei
4,5,6 fossi in te non parlerei
7,8,9 il negretto non commuove.
Ne è morto solo uno ma potevano essere cento
i mandanti del massacro sono ancora in Parlamento
Genova brucia.

Il grande grido del G8 era stato questo:
«Signori del G8 non vi sembra una cinica pretesa
venirci a dire che l'unico mondo possibile è il
vostro?» Banca mondiale, Fondo monetario
internazionale, Organizzazione mondiale del
commercio. La divinità idolatrica trinitaria: mercato, tecnologia e deterrenza totale. Quello che
accadde alla fine dei quattro giorni del G8 fu
agghiacciante: l'assalto della polizia nella scuola
Diaz nella notte di sabato 21 luglio e le torture

nella caserma di Bolzaneto, che inizialmente era stata adibita come centro di identificazione per i giovani fermati.

Penso spesso all'allora ministro dell'Interno Scajola, che conosco bene perché è stato anche sindaco di Imperia, che, invece di controllare che tutto si svolgesse senza incidenti, quel sabato sera dormiva serenamente nel suo letto. La moglie per esaltare il suo grande marito ministro ha scritto un saggio, sotto forma di diario, su quei giorni, che è stato pubblicato sul «Secolo XIX». «Venerdì» scrive la signora Scajola, «mio marito è tornato a casa tanto stanco». Il programma del G8 prevedeva la fine alle ore diciannove di domenica 22 luglio, non si capisce perché Scajola non sia rimasto a fare il proprio dovere.

Il sabato i due coniugi vanno a fare shopping. Sempre la signora Scajola scrive: «Siamo arrivati alla sera stanchi e alle nove eravamo già a dormire. Alle dieci e mezza squilla il telefono, si accende l'abat-jour: non ho mai visto il volto di mio marito così sconvolto». Era il capo della polizia, il prefetto De Gennaro, che avvisa il responsabile del Viminale del subbuglio.

De Gennaro attualmente è il responsabile dei servizi segreti interni ed esterni, è stato condannato, in appello, a un anno e quattro mesi per istigazione alla falsa testimonianza per l'irruzione della polizia nella scuola Diaz.

Il ministro dell'Interno, il 14 agosto è sempre regolarmente in sede per controllare l'intensità del traffico sulle strade nazionali. Quel sabato, dopo tutto quello che era successo nei giorni precedenti, gli scontri tra forze dell'ordine e manifestanti, la morte di Carlo Giuliani ucciso da un carabiniere, una città intera in allarme, stava tranquillamente dormendo a casa. Il comportamento di Scajola rimane per me una ferita aperta. Volete ascoltarli questi giovani? O non volete? Questo è il punto.

Tornando alla lettera dei poliziotti al papa e all'accusa di essere violento, non me la sono presa. Anche quando qualcuno mi dice che sono anarchico lo accetto. Se rincarano la dose: «Gli anarchici lanciano le bombe» rispondo: «Anch'io lancio bombe, ma alle coscienze». Ho imparato dal marciapiede ad ascoltare e ad accogliere tutto.

Loris, ti devo confessare che una volta ho ricevuto una denuncia. Una sera incontro i centri sociali che da tempo stavano cercando una sede. Mi dicono che avevano trovato una scuola abbandonata sull'altura di Granarolo. «Don Gallo vieni con noi a occuparla» mi chiedono. «Certo che vengo» rispondo. Sono sempre stato convinto che i giovani abbiano il diritto di avere a disposizione spazi sociali. Dopo neanche mezz'ora arrivano i carabinieri. Fanno il verbale. Il maresciallo, una persona molto seria, si rende conto che non avevamo abbattuto niente, la scuola era talmente abbandonata, senza porte, senza niente. Trascorrono pochi giorni, arriva la denuncia di un consigliere regionale del Msi, An non era ancora nata, un certo Plinio, che nonostante la sua lunga militanza è stato trombato alle ultime regionali. La denuncia era di istigazione dei giovani all'illegalità.

Mio fratello professore, lui sempre molto serio, scherzando mi disse che era la stessa denuncia che ebbe Socrate, corruzione dei giovani, per la quale fu condannato a morte. Io mi sentivo gratificato per essere stato avvicinato a Socrate. Allora lui: «Socrate ha bevuto la cicuta». «Io al massimo un bicchiere di Barbera» gli ho risposto.

Fui convocato dal giudice che si serviva della Finanza. Fui ricevuto da un ufficiale che mi disse che aveva una domanda da farmi, cioè se io ero presente quando ci fu l'occupazione. Firmai che ero presente e cosciente di aver partecipato con i ragazzi per determinati motivi... Era un ufficiale molto distinto che disse al finanziere che scriveva al computer: «Procedi», e questo rivolgendosi al sottoscritto: «Favorisca i documenti». L'ufficiale: «Cosa? Chiedi a don Gallo di favorire i documenti? Come ti permetti?» Il finanziere, mortificato: «Scusi capitano». Io: «Don Andrea Gallo nato a...» Non mi hanno mai più chiamato.

Visto che con te mi sto confessando, ti racconto di un'altra vicenda. Il fatto è avvenuto esattamente tre anni fa. Sono invitato dai Subsonica a un loro concerto. Quando sono in tournée hanno i cuochi che li seguono, così spendono meno perché se chiamassero tutte le volte un catering, sai quanti soldi, sono in venticinque compresi i tecnici. Li conosco bene, Samuel, Massimiliano,

Enrico e tutti gli altri, sono sempre venuti a Frascà dove abbiamo un capannone che usiamo anche per fare concerti. Raduniamo più di mille ragazzi del basso Piemonte alessandrino, facciamo pagare un prezzo politico, la Siae ci fa un forfait, alla fine rimane sempre un discreto utile per la comunità. L'ultima volta con i Subsonica siamo arrivati a tredicimila euro, sono soldi che a noi servono. Mentre stavamo cenando, alle venti e trenta, nei camerini degli artisti piomba la Finanza. Cominciano a rovistare dappertutto. Dopo un po' se ne vanno perché non trovano nulla. Verso le ventuno e trenta viene aperta l'entrata al pubblico. Mi vengono a chiamare perché era tornata la Finanza, questa volta con l'unità cinofila, con i cani, per controllare i ragazzi che entravano. Assistere a questa umiliazione mi ha fatto scoppiare una rabbia dentro che mi sono comportato come Gesù nel tempio. Ho detto al comandante tutto quello che pensavo, poi ho concluso così: «Maggiore domani sera c'è anche il teatro dell'Opera, sabato il teatro della Corte. L'ultima volta che ho visto questa scena al vostro posto c'erano le SS». Alla fine ci sono stati dieci segnalati e due denunciati su cinquemila giovani. Il giorno dopo il giornale di Genova ha scritto: «Don Gallo sfida le Fiamme gialle». Qualche amico avvocato mi ha chiamato per dirmi che era pronto a difendermi. Dopo un po' di tempo mi hanno chiamato dall'ufficio pubbliche relazioni del comando generale della Finanza regionale. «Il generale domani la inviterebbe a bere un aperitivo». «A che ora?» «Alle undici, viene?» «Certo». Ti confesso che ci sono andato con una certa titubanza dopo l'accaduto. Il generale, molto gentile, mi ha raccontato che aveva avuto una soffiata ed era convinto di fare un blitz e si scusava molto. Dopodiché fotografia di gruppo con gli ufficiali. Le Fiamme gialle mi hanno regalato lo scudetto con il loro simbolo. A un certo punto è entrato il maggiore che aveva fatto il controllo. «Don Gallo io ricevo degli ordini. Ho saputo che lei è salesiano, io sono nipote di don...» Successivamente hanno mandato un comunicato alla stampa: «Don Gallo fa pace con la Guardia di finanza». Il mio rapporto con le forze dell'ordine è sempre stato buono.

Mentre ti ascoltavo ho guardato le pareti del tuo, come lo chiami tu, archivio, ho notato che manca la foto del papa.

Loris guarda bene, la foto del papa c'è.

Sì, quella di Giovanni XXIII. Intendevo la foto del papa attuale: Benedetto XVI.

Giovanni XXIII è il papa, dopo di lui la Chiesa è sede vacante, come mi ha detto il grande monaco Arturo Paoli. È a Giovanni XXIII che i papi, felicemente regnanti, devono fare riferimento. È lui che ha fatto il concilio. *Ecclesia semper gloria*, milioni di testimoni, sempre *penitens*. La liturgia nasce sulla penitenza: *confiteor,*

Signore pietà. Anche papa Roncalli è stato un mio maestro, da lui ho imparato molto. «Non diventerò mai papa, sono solo un povero prete di campagna» disse. Sono stato ordinato prete nel 1959, pochi mesi dopo il giorno in cui Angelo Giuseppe Roncalli è diventato papa, il 28 ottobre 1958. Anche questo è stato un segno che porterò per sempre nel cuore.

Giovanni XXIII ruppe tutti gli schemi. Durante il primo Natale in Vaticano andò a trovare i bambini ammalati dell'ospedale Bambin Gesù. Il giorno dopo, Santo Stefano, incontrò i carcerati di Regina Coeli: «Non potete venire da me, così io vengo da voi» disse. È stato il papa del concilio Vaticano II, quello che ha rimodernato la Chiesa grazie alla sua semplicità. Veniva da Sotto il Monte, paese di campagna in provincia di Bergamo. Mani da contadino con un cuore immenso: «Cerchiamo sempre ciò che ci unisce, mai quello che ci divide» diceva. Parlava con il linguaggio del curato. La sera in cui si aprì il concilio, 11 ottobre 1962, il papa volle condividere la gioia con la folla immensa che si era radunata a San Pietro. Parlò liberamente, ricordando più il parroco Roncalli che il papa. *Il discorso alla Luna* entrò nel cuore delle persone e superò montagne e oceani.

Cari figlioli, sento le vostre voci. La mia è una voce sola, ma riassume la voce del mondo intero. Qui tutto il mondo è rappresentato. Si direbbe che persino la luna si è affrettata stasera, osservatela in alto, a guardare questo spettacolo.

Soprattutto fece un atto di umiltà che non aveva precedenti nella storia della Chiesa.

La mia persona conta niente, è un fratello che parla a voi, diventato padre per volontà di Nostro Signore, ma tutti insieme paternità e fraternità e grazia di Dio. Facciamo onore alle impressioni di questa sera, che siano sempre i nostri sentimenti, come ora li esprimiamo davanti al cielo, e davanti alla terra: fede, speranza, carità, amore di Dio, amore dei fratelli. E poi tutti insieme, aiutati così, nella santa pace del Signore, alle opere del bene.

Concludendo con una dedica ai bambini, indimenticabile.

Tornando a casa, troverete i bambini. Date una carezza ai vostri bambini e dite: questa è la carezza del papa. Troverete qualche lacrima da asciugare, dite una parola buona: il papa è con noi, specialmente nelle ore della tristezza e dell'amarezza.

Quando celebrai la prima messa dovetti scegliere una frase da mettere nel santino. Scelsi: «Dio è amore».

Don Gallo, cosa ti aiuta ad andare avanti? Non mi rispondere citando l'esempio di Gesù o le parole di qualche tuo maestro.

Caro Loris non è mia intenzione risponderti così. Quello che sto per dirti ti sorprenderà. Se non c'è umorismo non c'è vita. Bisogna avere autoironia. Ti faccio un esempio. Sono stato invitato a Parma al Festival della poesia, abbiamo portato *Angelicamente Anarchico*, lo spettacolo che Cinzia Monteverdi ha tratto dal mio libro con le canzoni di De André. Qualche tempo dopo don Luciano mi ha informato che il vescovo si è scandalizzato perché alla fine ho detto al pubblico: «Siete stati talmente bravi che adesso vi racconto una barzelletta». L'ho raccontata sul serio.

Di cosa parlava la barzelletta?

Ho iniziato così: «Voi sapete che nella nostra Santa Madre Chiesa, uno dei dogmi più importanti è la Santissima Trinità: il Padre, il Figlio e lo Spirito Santo. L'amore e la comunione vanno in tutto il mondo, e si espandono. Lo Spirito Santo dice: "Andiamo a farci un giro. Io sono affascinato dall'Africa". Il Padre risponde: "Be', io andrò a vedere il paradiso delle Seychelles. Perché non capisco come mai i miei figli e figlie hanno il paradiso in terra". Gesù ascolta e non risponde. Allora gli altri gli chiedono: "Tu non vai?" Gesù: "Io ci son già stato duemila anni fa". "Non ci farai mica far la figura che noi andiamo e tu rimani", gli dicono in coro il Padre e lo Spirito Santo. "Va be', allora vado anch'io". "Dove vai?" "A Roma". "Sì, ma a Roma dove vai?" "Vado in Vaticano". "In Vaticano?", dicono increduli il Padre e lo Spirito Santo. Gesù risponde: "Eh sì, non ci sono mai stato"».

Capisco perché il vescovo di Parma sia rimasto un po' sconcertato. Il Vaticano è la Chiesa di Gesù. Dicendo che lì il figlio di Dio non c'è mai stato è come dire che tra gli alti prelati non c'è la sua presenza.

Il vescovo di Parma invece di scandalizzarsi doveva ringraziare per la venuta di Gesù in Vaticano. Questo avrebbe dovuto dire.

Perché bisogna credere in Dio?

Te lo spiego con le parole del professor Norberto Bobbio, che ho avuto la fortuna di incontrare nel paese in cui è nato: «Don Gallo, io non distinguo tra credenti e non credenti. Io distinguo tra coloro che pensano e coloro che non pensano». Il potere e i poteri sono contro Dio perché temono coloro che pensano.

Ti racconto un'altra storiella. C'è una giovane donna che pensa e legge. Suo papà è un pescatore. Lei prende la barca del padre con sopra tutta l'attrezzatura per la pesca e va alla ricerca di un posto tranquillo nel bellissimo lago poco distante da casa. Alla ragazza non interessa la pesca. Dopo poco, mentre sta leggendo, arriva una guardia. «Lei è in contravvenzione, venga con me in commissariato». «Perché?» «In questa zona c'è il divieto di pesca». La ragazza pensa che la guardia sicuramente aveva notato che stava leggendo e non pescando, ma glielo fa notare: «Scusi, io non sto pescando, sto leggendo». «Sì, ma lei deve venire con me perché ha l'attrezzatura da pesca. Chi mi dice che non si metterà a pescare? Venga con me». «Non si permetta di toccarmi» risponde la ragazza e aggiunge, «io la denuncio per abuso sessuale». La guardia sorpresa: «Ma come, non l'ho manco sfiorata». «Anche lei mi accusa di pescare solo perché sulla barca ho l'attrezzatura per la pesca». La morale sta nel fatto che la ragazza pensa, questo al potere non piace. Padre Alex Zanotelli lo dice da anni: «Il venti per cento si pappa l'ottanta percento delle risorse».

L'obiettivo è quello di distruggere le istanze collettive, di impedire alle persone di stare insieme e pensare. Guarda come son ridotti i partiti e i sindacati. Dobbiamo risvegliare la coscienza critica, capire tutte le manipolazioni, esattamente come sta accadendo nella comunicazione e nell'informazione. Questa è la nostra battaglia. Per fare questo dobbiamo porci la seguente domanda: «Dov'è la mia diversità?»

Una figlia chiede a Carlo Marx: «Papà cos'è per te la felicità?» «Lottare per la giustizia» risponde Marx.

Sono rimasto sorpreso leggendo attentamente l'ultima enciclica di Benedetto XVI *Caritas in veritate.* Nell'introduzione sta scritto: «La carità nella verità, di cui Gesù Cristo s'è fatto testimone con la sua vita terrena e, soprattutto, con la sua morte e resurrezione, è la principale forza propulsiva per il vero sviluppo di ogni persona e dell'umanità intera». All'enciclica manca una spruzzatina di formaggio come si fa con la pasta, manca un pizzico di marxismo, che è ancora molto attuale. Ratzinger è un grande professore e avrebbe dovuto continuare a fare il professore.

Ti rifaccio la domanda. Ipotizza di essere di fronte a una persona che non crede nell'esistenza di Dio, spiegami la sua esistenza.

Ti rispondo con una domanda: «Come fai a dimostrarmi che Dio non esiste?» Ti sto mettendo in difficoltà.

Sì, è vero.

Nello stesso tempo la tua domanda me la pongo in continuazione: «Come faccio io a dimostrarti che Dio esiste?» San Tommaso d'Acquino, che è stato il più grande dottore della Chiesa, a questo proposito si è arrovellato tanto e procedendo a "posteriori" ha definito le cinque vie dell'esistenza di Dio. *Ex Motu*, dal moto, tutto ciò che si muove esige una causa prima, come insegna Aristotele: «Non si può andare all'infinito nella ricerca delle cause». *Ex Causa*, dalla causa, ogni effetto ha bisogno di una causa. *Ex Contingentia*, dalla contingenza, poiché tutte le cose esistono, ma potrebbero non esistere, non hanno in sé la ragione della loro esistenza. *Ex Gradu*, dal grado, le cose hanno diversi gradi di perfezione, ma solo un grado massimo di perfezione rende possibile gli stadi intermedi. *Ex Fine*, dal fine, tutte le cose nell'universo sono ordinate secondo uno scopo, quindi, ci deve essere un'intelligenza che le ordina così. San Tommaso mette lì le cinque vie, e noi ci dobbiamo arrangiare. I monaci benedettini, quando parlano della morte, dicono «*vita mutatur, non tollitur*», la vita non è tolta ma mutata. Sant'Agostino, siamo nel IV secolo, dice una verità fondamentale: «I morti non sono degli assenti, sono degli invisibili. Tengono i loro occhi pieni di luce, nei nostri pieni di lacrime». Qualche cambiamento nella Chiesa è avvenuto rispetto alla concezione iniziale dell'inferno, purgatorio e paradiso. Anche nei paramenti liturgici, qualcosa è cambiato, prima erano neri come i catafalchi, da un po' di tempo sono diventati violacei. L'obiettivo della Chiesa è uno solo: il dominio. Per attuarlo hanno sempre fatto leva sulla paura. Don Bosco, che era un pedagogo nato, istituì l'esercizio spirituale della buona morte. Una volta al mese nei suoi collegi, che ormai sono tanti, ogni confratello e ogni ragazzo vi partecipa. Don Bosco:

Fate ogni mese l'esercizio della buona morte. Fate bene ogni mese l'esercizio della buona morte. Fate ogni mese infallibilmente e bene l'esercizio della buona morte. Se l'oratorio va bene, debbo attribuirlo specialmente all'esercizio della buona morte. Per l'esercizio della buona morte siano sospese tutte le occupazioni non assolutamente necessarie. L'esercizio della buona morte consiste specialmente in fare una comunione e confessione proprio come se fosse l'ultima di nostra vita.

Dall'esistenza di Dio siamo arrivati alla morte. Tu hai paura della morte?

Non siamo arrivati alla morte, intesa come fine dell'uomo, ma l'uomo che diventa invisibile, che con occhi pieni di gioia guarda i nostri pieni di lacrime. La morte è uno dei tanti enigmi, come la sofferenza degli innocenti, la sessualità. La concezione del piacere è un enigma. Certo che ho paura della morte. A volte provo terrore. Quando mi alzo, o alla mattina o al pomeriggio, a seconda dei miei ritmi, dopo il tè, bevo una tazza di dubbi. Mio caro Loris, la ricerca della verità non deve finire mai.

Il cardinale Canestri, che stava per lasciare la diocesi di Genova, mi convocò per dirmi, ancora una volta, che la dovevo smettere di parlare dei preservativi. Gli risposi: «Eminenza noi proponiamo una morale cattolica fatta di rispetto del corpo, preparazione al matrimonio, tutto quello che vuole. Però poi c'è il primato della coscienza di ciascuno: è dottrina certa». Mi disse: «Io me ne sto andando, don Gallo faccia quello che vuole». Replicai: «Non voglio essere vincente, voglio essere convincente». Tre giorni dopo la sua partenza, mi scrisse: «Caro figliolo, è vero, il primato della coscienza è dottrina certa, tuttavia, una coscienza per definirsi retta, deve far riferimento alla verità». «Eminenza finalmente siamo in sintonia» gli risposi, «perché la verità non la cerchiamo insieme?» Dopo la mia lettera non mi ha più scritto. Come avrebbe fatto a dirmi: «Io sono la verità. Quello che io dico è la verità». Come poteva imporre la sua verità dopo l'esempio di Gesù: *Ego sum via, veritas et vita*, io sono la via, la verità e la vita.

Comprendo perché il cardinale non mi abbia più risposto. «Perché la verità non la cerchiamo insieme?» È quello che dissi a Parma quando rappresentammo *Angelicamente anarchico*. Il vescovo: «Chi è stato che ha invitato don Gallo? Quel prete lì non è allineato alla Chiesa». Cosa significa allineato? Mi volete far dire delle falsità? Io non ci sto.

A proposito di vita e morte, ne abbiamo già parlato, ma cito ancora Peppino Englaro. Continuo a meravigliarmi ancora oggi, quando ripenso a quelli che anno avuto il coraggio di usare contro di lui il termine "assassino". Se fossi allineato dovrei anch'io usare la parola "assassino"? Ripeto: io non ci sto. In una delle sue ultime encicliche Pio IX affermò che il primato della coscienza personale nella nostra Chiesa apostolica è dottrina certa. Quindi, chi oggi sostiene il contrario è un eretico. Non mi stancherò mai di ripeterlo. Altrimenti come si farebbe a insegnare il *Padre Nostro*? La coscienza personale non è infallibile, ma va rispettata. Una delle prefazioni della liturgia dei defunti dice semplicemente che la vita cambia, non viene eliminata. Dove sta tutta questa sacralità? Da che pulpito arriva. Tutti quelli che gridavano che era giusto che Eluana tenesse il sondino, affermavano una verità assoluta difendendo una fisiologia minima di sopravvivenza artificiale rispetto a una morte naturale. Affermavano esattamente il contrario di ciò che sostenevano. Non esiste università teologica che metta in discussione il primato della coscienza personale. Peppino Englaro andava lasciato in pace in nome della dottrina della Chiesa. Qualcuno ha tentato di sostituirsi a Dio e al suo immenso amore. Nel film di Pier Paolo Pasolini *Il Vangelo secondo Matteo*, c'è una scena straordinaria dove Gesù grida: «Non giudicate». Mamma mia com'è incavolato Gesù. Tutto quello che ti sto dicendo vale anche per la sessualità.

Una delle ragazze della comunità è in clinica, ha cinquant'anni. Un giorno mi ha raccontato la sua storia: «Andrea, io ero in un orfanotrofio di un paesino della Val d'Aosta». Loris cerca di immaginare com'erano quei luoghi senza riscaldamento quarant'anni anni fa.

Anche durante l'inverno, con la neve alta un metro e mezzo, le ragazzine di dieci, dodici anni, erano obbligate a dormire di notte con le braccia fuori dalle coperte, se le avessero messe sotto per riscaldarsi sarebbero state picchiate. La malizia degli educatori era rivolta a impedire che si toccassero intimamente: meglio una broncopolmonite. Non c'è il riscaldamento, usi la coperta: no vietato. «Il Dio che mi hanno insegnato e in cui ho imparato a credere, il Dio che nutre la mia difficile, ma amata speranza cristiana, sicuramente non è un Dio che sa dire soltanto no alla libertà, alla coscienza, a ogni forma d'autonomia personale. Non è un Dio che fa del dono gratuito della vita una clava e un carcere». Il pensiero, è la potenzialità profonda che distingue il genere umano da altri generi della natura. L'uomo muore quando non pensa, quando non medita. Secondo me chi continua a pensare è immortale. Due esempi: Dante e Virgilio. Vedi, la morte è proprio un enigma.

Quando ero ragazzo non pensavo mai alla morte. Poi ti accade che arriva un lutto in famiglia, e la morte te la trovi davanti. Passano gli anni, cominci a convivere con lei, capisci che prima o poi farà parte della tua vita. Andrea, la tua vita, invece, è sempre stata a contatto con la morte. Dalle tue parole si capisce che l'hai molto meditata.

Quanti funerali ho visto. Ragazzi morti di

Aids, di overdose… Tu sostieni che l'ho molto meditata, hai ragione. La morte, la vedo come un richiamo all'umiltà. Dobbiamo fare riferimento a un grande artista: Totò, che ha scritto *'A livella*. In comunità è morto un ragazzo di cirrosi epatica. La famiglia, piccolo borghese, era di Napoli. Al funerale è venuta la sorella, attrice: «Don Gallo vorrei recitare *A livella*». «D'accordo, non c'è nessun problema» le ho risposto. Avresti dovuto vedere i presenti, la loro commozione. Il racconto del dialogo tra il marchese che non vuole aver vicino alla sua tomba quella del povero netturbino è più importante di tante prediche.

… «Ma chi ti credi d'essere… un dio?
Qua dentro, vuoi capirlo che siamo uguali?…
… Morto sei tu, e morto son pure io;
ognuno come a un altro è tale e quale».
«Lurido porco…! Come ti permetti
paragonarti a me ch'ebbi natali
illustri, nobilissimi e perfetti,
da fare invidia a Principi Reali?»
«Ma quale Natale, Pasqua e Epifania!!!
Te lo vuoi ficcare in testa… nel cervello
che sei ancora malato di fantasia?…
La morte sai cos'è…? è una livella.
Un re, un magistrato, un grand'uomo,
passando questo cancello, ha fatto il punto
che ha perso tutto, la vita e pure il nome:
non ti sei fatto ancora questo conto?
Perciò, stammi a sentire… non fare il restio,
sopportami vicino – che t'importa?

Queste pagliacciate le fanno solo i vivi:
noi siamo seri... apparteniamo alla morte!»

Le parole di questo grande artista ci fanno capire quanto è fondamentale accettare la laicità, alla quale la morte ci richiama.

Conosco molto bene come si svolgeva il cerimoniale alla morte dell'imperatore austro-ungarico. Grande corteo militare, fuoco al cannone, il feretro dell'imperatore sulla carrozza funebre trainata da sei cavalli. Quando la bara arriva di fronte alla cripta dei Cappuccini per la sepoltura, il portone è chiuso. Si sente una voce dall'interno che dice: «Chi è?» Il capo del cerimoniale della corte imperiale risponde: «Sua altezza l'imperatore Francesco Giuseppe d'Austria, re d'Ungheria, Cavaliere di Gran Croce dell'ordine equestre del Santo Sepolcro di Gerusalemme...» tutti i titoli. La voce dell'abate cappuccino, sempre dall'interno della cripta risponde: «Non lo conosciamo». Poi aggiunge ancora: «Chi è?» Il capo del cerimoniale risponde citando meno titoli. «Non lo conosciamo» la risposta. Questo viene ripetuto alcune volte fino a quando il capo dice: «È Francesco Giuseppe». Solo a quel punto l'abate risponde: «Lo conosciamo» e fa aprire le porte della cripta dei Cappuccini dove sono sepolti tutti gli imperatori.

Il marchese e il netturbino di Totò, l'imperatore, di fronte alla morte tutti gli uomini diventano uguali.

Io intendo la morte come una grande processione. I miei vecchi, la nonna e il nonno, la mamma e il papà, mio fratello, che è morto poco tempo fa a ottantasette anni, più avanti nel corteo. Tutti insieme che camminiamo. Inutile chiedere dove sta andando il corteo, o dove non sta andando: cammina. Dobbiamo, invece, chiederci cosa lo tiene unito: l'amore. A volte parlo con mia mamma. Quando non sento le mie ragazze e i miei ragazzi morti, allora li nomino, li chiamo per nome: uno per uno. Invisibili sì ma non assenti. De André, come si fa a non sentirlo presente? Non solo per la sua musica. Io lo sento presente anche senza la musica. Fabrizio era un poeta, un musicista, un cantante non violento e antifascista. E poi, lo devo dire: era anarchico. De André fa parte degli invisibili, dei miei invisibili.

Fabrizio e Andrea tutti e due angelicamente anarchici.

L'anarchia è un modo di essere. È sufficiente leggere i testi delle sue canzoni per capirlo: prostitute, zingari, storie di ultimi, di suicidi. Il suo spirito era anarchico e libertario. È stato il fratello, il poeta, il cantautore, il compagno di strada per il riscatto dei miei ragazzi. Nel Sessantotto cantavamo insieme il *Cantico dei drogati*. «Ho licenziato Dio gettato via un amore per costruirmi il vuoto nell'anima e nel cuore». Le sue canzoni sono coscienza civile, comprensione umana, preghiera, guerra alle ipocrisie, amore per i derelitti e gli emarginati. Tutta la sua opera, la sua antologia dell'amore, viaggia su due binari: l'ansia e la giustizia sociale. Dentro di lui abitava una profonda inquietudine, per questo, in certi momenti, diventava pesante, pedante, nervoso. Questa inquietudine coincideva con l'aspirazione di raggiungere la libertà. L'album del suo ultimo tour è *Anime salve*. Per capire quello che ti ho appena detto bisogna leggere il testo di *Khorakhané (A forza di essere vento)*, la canzone dedicata ai rom.

> *Il cuore rallenta, la testa cammina*
> *in quel pozzo di piscio e cemento*
> *a quel campo strappato dal vento*
> *a forza di essere vento.*
> *Porto il nome di tutti i battesimi*
> *ogni nome il sigillo di un lasciapassare*
> *per un guado, una terra, una nuvola, un canto,*
> *un diamante nascosto nel pane*
> *per un solo dolcissimo umore del sangue,*
> *per la stessa ragione del viaggio viaggiare.*
> *Il cuore rallenta e la testa cammina*
> *in un buio di giostre in disuso*
> *qualche rom si è fermato italiano*
> *come un rame a imbrunire un muro.*

Leggendo anche il testo di *Dolcenera* si capisce che per Fabrizio la follia è la massima espressione della libertà. Mi ricordo che la Chiesa, una volta, vietava ai preti di andare nei luoghi pubblici, locali, discoteche, figurati ai concerti. Soprattutto con l'abito talare non era possibile, ti avrebbero notato subito, ed era assolutamente vietato toglierlo. Parlando di questo con Pepi Morgia, il regista delle tournèe di Fabrizio, qui a Genova ha fondato il teatro della Tosse, era stato mio chierichetto al Carmine, mi convinse ad andarlo a sentire. E così ho sempre fatto. De André era un ragazzo introverso, c'è voluta la forza di Gino Paoli per farlo cantare in pubblico, è stato lui che lo ha buttato in mezzo alla gente. «Vai a suonare» gli diceva.

Quando morì, l'11 gennaio 1999, insieme ai ragazzi della comunità scrivemmo a Fabrizio una lettera per salutarlo:

Caro Faber, da tanti anni canto con te per dare voce agli ultimi, ai vinti, ai fragili, ai perdenti. Canto con te con tanti ragazzi e ragazze in comunità. Quanti Geordie o Miche, Marinella o Boccadirosa, vivono accanto a me, nella mia città di mare, che è anche la tua. Anch'io ogni giorno come prete verso il vino e spezzo il pane per chi ha sete e ha fame. Tu Faber mi hai insegnato a distribuirlo, non solo tra le mura del tempio ma per le strade, nei vicoli più oscuri. E ho scoperto con te, camminando spesso in via del Campo, che dai diamanti non nasce niente e dal letame sbocciano i fiori. La tua morte ci ha migliorati, Faber.

Il suo ricordo e le sue canzoni ci aiutano ad andare avanti. Quel giorno non me la sono sentita di stare in chiesa. Ero in piazza con tanti disgraziati sotto una bandiera anarchica.

Puoi fare un ritratto di De André?

Ero stato chiamato in udienza dal cardinale Tettamanzi. «Tu sei sempre in giro, li studi i Vangeli canonici?» mi chiede. Poi aggiunge: «Chi sono gli evangelisti?» «Matteo, Marco, Luca, Giovanni. Eminenza io ne ho un quinto» rispondo. «Don Andrea, un quinto?» «Sì, un quinto, da inserire nel filone dei francescani: il Vangelo secondo De André».

Tutta la sua opera, il suo genio trova l'ispirazione dai bassifondi, è da lì che è scattata la sua insofferenza verso il potere, verso l'intolleranza, verso il clero moralista. *Smisurata preghiera* è la sintesi del Vangelo di Gesù. «Per chi viaggia in direzione ostinata e contraria col suo marchio speciale di speciale disperazione e tra il vomito dei respinti muove gli ultimi passi per consegnare alla morte una goccia di splendore di umanità, di verità».

Mi ricordo che Fabrizio era ancora al liceo, frequentava il Colombo. Il suo insegnante di religione era mio cugino di secondo grado, don Luigino Piana. La Chiesa negava la sepoltura ecclesiastica ai morti suicidi. Uno studente si era ucciso e Fabrizio, che era rimasto molto colpito, aveva fatto un componimento in cui se la prendeva con la Chiesa cattolica perché aveva negato il funerale al ragazzo.

Don Luigino me lo fece leggere. Da lì nacque la mia curiosità nei confronti di Faber e cominciammo a frequentarci. Mi diceva sempre: «Se vuoi fare il prete non puoi stare chiuso in sagrestia». Le stesse parole di don Bosco: «Camminare coi piedi per terra guardando con gli occhi al cielo e soprattutto sporcarsi le mani». Ecco la Chiesa, ecco il Vangelo, ecco Gesù. Bisogna stare fuori dal tempio, fuori dalle mura. Incontrarsi con tutti, con tutti coloro che hanno bisogno, tutti coloro che chiedono, tutti coloro che soffrono. Fabrizio veniva da una famiglia benestante, il liceo doveva essere il Doria, fu lui che scelse il Colombo. Anche questo era un segnale. Abbiamo cominciato a frequentarci allora, si andava in giro per Genova, in via del Campo, si parlava tanto.

Siamo arrivati al punto centrale: dopo la morte, la resurrezione.

De André ci ha insegnato tanto con la *Buona Novella*. Lui cantava: «*Laudate hominem omnes gentes*», io gridavo: «*Laudate Dominum omnes gentes*». Quello di De André è un grande insegnamento: «Non voglio pensarti figlio di Dio, ma figlio dell'uomo, fratello anche mio». La resurrezione è luce nelle tenebre, è la parola che può dare senso alla vita. La voce deve essere profetica, cioè a nome di Dio, senza diventare legislativa, tecnica, economica, sociale. «Sto in mezzo a voi come colui che serve» dice Gesù. Cristo ha in testa l'uomo, per lui dona la sua vita.

Il filosofo teologo danese Soren Kierkegaard, a proposito della resurrezione, ha scritto: «I cristiani sono come dei sacchi di noia che rasentano i muri». Se sei in presenza di un amico risorto devi essere felice, devi rallegrarti, non camminare piegato rasentando i muri. Come è possibile che i cristiani siano così moralisti, paurosi. La resurrezione è gioia, liberazione, speranza. Invece la Chiesa parla di paura, dell'inferno, crea terrore minacciando il castigo di Dio. Kierkegaard si domanda il perché di questo comportamento quando la resurrezione è liberazione totale.

Sto seguendo un giovane, trentenne, molto buono, che aveva scelto di diventare prete e dopo tre anni ha messo incinta una ragazza. Lei ha dato alla luce una bambina bellissima, lui è un padre molto premuroso. Hanno grosse difficoltà economiche e la curia non gli dà un centesimo. Una delle ultime volte che l'ho incontrato mi ha raccontato che due suore gli hanno detto che avendo tradito la Chiesa ha messo a rischio la salvezza eterna. Questo lo ha molto turbato. «Devi dire a quelle suore che la smettano di dire cazzate», è stata la mia risposta, poi ho aggiunto: «Gesù è risorto e ti è vicino». Io sono contro il celibato obbligatorio e all'educazione sessuale che danno in seminario. Le parole della suora lo hanno fatto entrare in un ingranaggio di morte e non di resurrezione. Gesù prima affronta la passione, la crocifissione e la morte, ma poi risorge. L'anima non può essere uccisa. Gesù dice: «Io sono la resurrezione e la vita. Chi crede in me anche se è morto vivrà, e chiunque vive e crede in me non morirà in eterno». Lo dice rispondendo ai Giudei riferendosi ai patriarchi. «Io sono il Dio di Abramo, il Dio d'Isacco e il Dio di Giacobbe, non sono il Dio dei morti ma dei viventi: essi infatti sono tutti vivi».

Prova a far capire a un bambino la resurrezione.

Più che spiegargliela la mia intenzione è quella di far decidere al bambino se la resurrezione la dobbiamo accettare come verità.

Caro Luigino insieme abbiamo conosciuto Gesù. Non ti sembra bella la sua storia? Nasce in mezzo ai pastori, in mezzo ai più poveri. Cresce con la mamma con il papà. È molto intelligente. Caro Luigino Gesù ce lo ha inviato il Padre che sta nei cieli. Lui è arrivato sulla terra come sei arrivato tu. Abbiamo letto tutte le sue parabole: moltiplica il pane e i pesci, guarisce i muti, addirittura, un suo amico muore e lo risuscita. Ti ricordi la parabola del buon samaritano, che aiuta un uomo ferito dai briganti mentre altri prima di lui avevano fatto finta di non vederlo nonostante fosse morente lungo la strada? Abbiamo letto insieme che i bambini seguono Gesù perché è un bel giovane. Giocano con lui. Quando i suoi discepoli, invece, vogliono mandarli via per paura che lo disturbino, lui dice loro: «Lasciate che i piccoli fanciulli vengano a me». Li difende, non vuole che nessuno gli faccia del male. Gesù è amore. Caro Luigino, secondo te, un amico così deve morire? Deve scomparire per sempre in una tomba o deve continuare a essere lucente e risorto? Sono convinto che Luigino mi risponderebbe di sì.

Amore, resurrezione, vita eterna, torniamo sulla "terra". Come spieghi che un giovane nasce fortunato e un altro sfortunato? Uno è costretto a vivere per strada, l'altro mette su famiglia, diventa ricco. Tutti e due nati dalla stessa madre.

È la storia dei vinti, dei perdenti. Noi li consideriamo vittime designate. La Chiesa fino al diciottesimo secolo, l'ha giustificato dando la responsabilità a Dio: «Sia fatta la Sua volontà».

È Dio che decide che quello deve essere uno sfigato? Con quale criterio?

No, è falso dire che è il piano di Dio. Questo è il grande interrogativo. Siamo noi, è la nostra grande miopia che ci impedisce di capire che anche gli ultimi nascono con un quoziente di intelligenza, di creatività, di spiritualità. Tempo fa mi ha scritto dal carcere un ragazzo di trent'anni: «Don Gallo sono disperato, alla prima occasione mi sparo, mi uccido». Gli ho risposto: «No, non dire così, la vita è un dono». Solo due righe, senza grande approfondimento concludendo così: «Giorgio, tu sei importante». Nello strettissimo giro di posta mi ha scritto una seconda volta: «Don Gallo vengo da una famiglia disastrata, in trent'anni nessuno mi ha mai detto che sono importante». Credo che sia nostro compito far sentire ai meno fortunati che sono importanti. Don Milani lo diceva a proposito dei suoi ragazzi: «Io forse ho insegnato loro a scrivere, loro mi hanno insegnato la vita». Bisogna dare ai meno fortunati l'opportunità di emanciparsi, di avere spazi adeguati nella società. In questo è fondamentale la scuola. Se non c'è un investimento nella scuola, queste opportunità vengono negate. I cristiani devono fare le scuole dove non ci sono, non dove sono quelle comunali, statali. Bisogna seguire l'esempio di don Bosco. I ragazzi vanno cercati uno a uno, nessuno deve essere lasciato lungo la strada.

Don Bosco tornando a casa di notte, allora non c'era l'illuminazione, incontra un giovane malfattore che gli dice: «O la borsa o la vita». Don Bosco: «Non ho un soldo, siediti un po' con me che parliamo». Il ragazzo era appena arrivato dal Sud in cerca di fortuna e non sapeva come sfamarsi. «Perché non vieni alla tettoia Pilardi, ci sono tanti tuoi coetanei». La domenica successiva il ragazzo, come promesso, si presenta, da quel momento la sua vita cambia.

Jean Baptist de La Salle è il patrono degli insegnanti cattolici, canonico della cattedra di Reims a soli sedici anni. Nella seconda metà del Seicento in Francia erano poche le famiglie che potevano mandare i figli a scuola, soprattutto in campagna. Le scuole erano rare, l'insegnamento avveniva usando la lingua latina anche per le materie scientifiche. I bambini spesso erano abbandonati con scarse speranze per il loro futuro. Nelle campagne gli umili parlavano in *patois*, una sorta di dialetto, il latino era solo per i ricchi. De La Salle impara il *patois* per poter comunicare con bambini e i ragazzi e comincia a insegnare usando la lingua *d'oc*. Fonda una comunità di laici consacrati, nonostante l'opposizione delle autorità ecclesiastiche, i Fratelli delle scuole Cristiane, che gli permette di creare in tutta la Francia una rete di scuole gratuite dove si insegna in lingua volgare. I giovani cominciano a frequentare sempre più numerosi.

Da questo punto di vista la Chiesa ha sempre diviso: i poveri da una parte, i ricchi dall'altra. Nella mia famiglia, contadina, io allora ero un bambino, ricordo che un cugino di mia nonna era arciprete, era considerato un'autorità.

I padroni cristiani arrivano in Africa e caricano le navi di schiavi che poi vendono ad altri padroni cristiani. Per decenni e decenni i teologi si sono domandati se gli esseri umani dalla pelle nera avessero l'anima. Questo è accaduto fino a quando intervenne un papa che disse: «Adesso basta siamo tutti, indistintamente, figli di Dio».

I conquistadores, che a capo delle spedizioni militari spagnole partirono alla conquista del nuovo mondo scrivevano degli indigeni: «Non hanno i vestiti, non hanno la pelle bianca come la nostra». Con la *Selva Lacandona* c'è stato un cambio epocale grazie alla non violenza.

Tutti i popoli, tutti quelli che lavorano la terra, sono quelli che noi invitiamo a schierarsi al nostro fianco e noi daremo la vita per la lotta, perché noi andremo solo con il vostro aiuto. Seguitiamo a lottare e non stanchiamoci, così la terra sarà di nostra proprietà, apparterrà alla nostra gente, la terra che fu dei nostri avi, che ci fu sottratta dalle dita dei piedi di pietra che ci schiacciano, all'ombra di quelli che sono morti e che molto comandano: che uniti innalziamo, con la mano e con la forza del nostro cuore, in un luogo molto alto così da poter essere visto, questo stendardo della nostra dignità e della nostra libertà, di noi lavoratori della terra; che continuiamo a lottare e a vincere coloro che si sono insuperbiti, coloro che aiutano chi ci ha sottratto la terra, coloro che hanno accumulato molto denaro con il lavoro di quelli come noi, e coloro che spadroneggiano nelle fattorie, questo è il dovere che ci onora, se vogliamo essere chiamati uomini buoni e abitanti veramente onesti del nostro paese.

Marcos, rivoluzionario messicano, portavoce dell'esercito Zapatista, viene chiamato subcomandante perché prima deve ascoltare la volontà del villaggio. Quando lui e i suoi guerriglieri vengono in contatto con i campesinos, questi gli dicono: «Cosa ve ne fate delle armi? Noi andiamo a Città del Messico disarmati». Il movimento dei Sem Terra, senza terra, in Brasile nasce perché i contadini sono costretti a lavorare la terra di altri, capiscono che avere un pezzo di terra li libererebbe dallo sfruttamento dei latifondisti e aiuterebbe a organizzare la propria vita e quella della propria famiglia. La terra come simbolo del lavoro, cibo e reddito. Il movimento, che aveva come obiettivi la riforma agraria, la giustizia sociale e l'istruzione dei lavoratori, servì per far prendere coscienza alla gente al punto che i Sem Terra qualche anno dopo arrivano in più di un milione a Brasilia, il tutto avvenne pacificamente. La manifestazione servì per richiamare l'attenzione del popolo brasiliano sulla gravità della crisi economica e sociale del Paese. L'unico modo per sconfiggere qualunque forma di violenza a partire dal terrorismo è scoprire la forza dell'amore.

Dov'è il diavolo?

Secondo me non è da nessuna parte.
Un altro mio grande maestro è don Giovanni Battista Franzoni, importantissimo teologo, nel

1964 fu eletto abate dell'abazia benedettina di San Paolo fuori le mura, partecipò all'ultima parte del concilio Vaticano II. Fu lui ad avviare l'esperienza della comunità cristiana di base, dove si coniugava il Vangelo con la situazione politica ed ecclesiastica del momento. Si oppose al concordato tra Chiesa e Stato, alla guerra del Vietnam, soprattutto alla nascita della banca vaticana.

Secondo il secolare insegnamento della morale cattolica, l'interesse sul denaro prestato era proibito perché equiparabile all'usura. Solo ai Monti di pietà era consentito prendere qualcosa per retribuire il personale addetto; ma mai era consentito prendere interesse. Quindi era inconcepibile che ci fossero delle banche cattoliche; con l'irruzione della modernità nella società si è verificato, fra i moralisti cattolici, un progressivo cambiamento di pensiero.

Don Franzoni ha scritto un libro molto interessante, *Il diavolo mio fratello*, dove nega l'esistenza dell'inferno.

Anche una sola persona – sia pure per sua libera e inflessibile opposizione, nella vita terrena, all'amore, alla verità e alla giustizia – precipitasse in un inferno eterno, Dio stesso sarebbe eternamente infelice in quanto per sempre perderebbe una sua creatura. Naturalmente per gli umani è impossibile comprendere come si compongano, nell'aldilà, somma giustizia e somma misericordia, perché impenetrabile è il mistero di Dio e insondabile il modo con cui Egli, rispettando la volontà del "dannato" (diavolo o persona umana), lo possa sollecitare fino ad abbandonarsi al suo amore. Quest'ipotesi, ovviamente, presuppone il fermo rifiuto di una tesi fondamentale della dottrina ufficiale: chi muore nel peccato mortale rimane "pietrificato" per l'eternità nel suo no a Dio.

Benedetto XVI afferma, invece, che: «Gesù è venuto per dirci che ci vuole tutti in paradiso e che l'inferno, del quale poco si parla in questo nostro tempo, esiste ed è eterno per quanti chiudono il cuore al suo amore».
L'amore è gratuito, se non lo è non è amore. Le elucubrazioni dei teologi servono soprattutto per creare le paure, non c'è nulla come la paura per tenere sottomesso qualcuno.

Il demonio non l'hai mai incontrato?

No, secondo me tutto risiede nell'uomo. Il padre della psicanalisi Sigmund Freud, rivoluzionario con il concetto dell'inconscio, la suddivisione della mente a strati, i pensieri che non sono immediatamente disponibili e che vivono "sotto la superficie", sostiene che l'essere umano è al cento per cento malvagio. Albert Einstein che è stato molto in contatto con lui, tra loro c'è stato uno scambio di lettere sul tema della guerra molto interessante,

si sentiva un po' suo allievo, gli risponde uti-
lizzando le sue conoscenze della materia:
«Maestro ma se l'uomo è malvagio al cento
per cento, significa che è plasmabile al cento
per cento».

*Hitler, a proposito di malvagità, come giustifichi
il fatto che sia esistito?*

Hitler non diventa autonomamente il Fuhrer,
lo diventa con il sostegno della maggioranza
del popolo tedesco, nonostante la Germania sia
sempre stata terra di intelligenze. Persino papa
Pacelli, che vedeva il diavolo nel comunismo,
con Hitler ebbe incontri diplomatici nella Santa
Sede con la Seconda guerra mondiale in corso.
La sua idea era che con Hitler, il comunismo,
poteva essere distrutto. La malvagità non è
dovuta al diavolo, la malvagità siamo noi.

*Don Gallo, perché quando muore un bambino,
che è il simbolo dell'innocenza, se non è battezzato
non va in paradiso? L'ho sempre considerata una
violenza.*

Il battesimo è l'appartenenza a un popolo.
Se un bambino muore senza il sacramento del
battesimo non può andare in paradiso perché
non ha la pienezza della grazia, come facciamo a mandarlo nel purgatorio, cos'ha da puri-
ficare? Per questo è stato inventato il limbo. Io
sono un esempio di questo. Mia mamma sta

per partorirmi, è molto grave, l'ostetrica del quartiere capisce che da sola non è in grado di farcela, è a rischio la vita della madre e del bambino, decide di chiamare un illustre ginecologo, riconosciuto come il migliore. Colletta tra i poveri della zona, la mia era una modesta famiglia di ferrovieri da sola non ce l'avrebbe mai fatta: chi vendette un anello, chi la catenina d'oro che portava al collo. Il professore Erede era notoriamente molto venale, lui non guardava in faccia a nessuno. Racimolata la cifra, il luminare, massone e anticlericale, quando morì volle essere cremato per dispetto alla Chiesa – allora non c'era ancora l'autorizzazione – riuscì a farmi nascere salvando anche mia madre. Io sono nato nero come il carbone. Il professore vede il crocifisso appeso al muro – la mia famiglia non era bigotta ma molto evangelica, pregavano la madonnina –, nonostante fosse massone e anticlericale, va in crisi di fronte a questo bambino la cui vita è appesa a un filo. I preti avevano inculcato nella testa di tutti anche di un anticlericale come il professore, che se un bambino fosse morto senza battesimo sarebbe finito nel limbo e non direttamente in paradiso. Erede: «Io non so se vostro figlio arriverà a domani, bisogna battezzarlo subito». Nessuno si prende la responsabilità: mio padre ha le mani come badili, la sorella di mia madre ha diciassette anni, i vicini, gente del popolo, sono terrorizzati al pensiero di battezzare. A quel punto il professore prende l'acqua: «Andrea, io ti battezzo nel nome del Padre del Figlio e dello Spirito Santo». Incredibile, lui massone e anticlericale. La mamma non me lo aveva mai raccontato. Durante il noviziato mi chiedono di presentare il certificato del battesimo. Vado dal curato, il quale prende il registro e mi fa: «Caro Andrea sei nato il 18 luglio 1928, battezzato il giorno dell'epifania». «Impossibile» gli rispondo. Quel giorno la mamma mi raccontò cosa era realmente accaduto, poi confermato anche dalla zia che era presente e che è morta un anno e mezzo fa, a novantanove anni. Io credo che il limbo rappresenti solo una reminescenza dantesca.

Non credi nel diavolo, nel limbo e nell'inferno, come definisci il peccato?

È l'odio contro Dio, la distruzione di Dio. La Chiesa alla domanda: «Quando si commette il peccato mortale?» Risponde: «Quando ci sono nel contempo materia grave, piena consapevolezza e deliberato consenso», poi aggiunge: «Questo peccato distrugge in noi la carità, ci priva della grazia santificante, ci conduce alla morte eterna dell'inferno se non ci si pente». Il concilio Vaticano II, il sacramento della confessione lo ha definito di riconciliazione. La riconciliazione deve essere possibile in ogni momento anche quando si diventa polvere altrimenti non avrebbe senso dire che la vita continua. Il gesuita Pierre Teilhard de Chardin parla di ricapitolazione cosmologica in Cristo, ristabilendo il suo primato: tutto si riforma, si reintegra, si purifica non solo la persona che vive nel pianeta ma tutto l'esistente.

Io ho capito che il peccato esiste andando in una scuola, un liceo gestito dalle suore della Madonna della neve. Fui invitato per parlare di droga. Era un collegio femminile con scuola esterna anche quella rigorosamente femminile. Ti parlo di più di trent'anni fa. Fu un'esperienza bellissima. Alla fine dell'incontro si decise di fare un piccolo libretto. Per il titolo fu lanciato un concorso tra le liceali con tanto di giuria, di cui facevo parte. Il titolo che ci convinse fu: *Quando in una casa, in una scuola, in un paese, in una città non c'è amore, il giovane scappa.* L'esempio mi è servito per rispondere alla tua domanda: per me il peccato è assenza di amore.

Siamo in conclusione del nostro incontro. Se tu fossi in possesso di una bacchetta magica e avessi la possibilità di far sparire un male, un difetto, un'ingiustizia, su cosa cadrebbe la tua scelta?

Non ci devo pensare tanto, perché non ho dubbi. Farei sparire quello che io ho definito l'ottavo vizio capitale: l'indifferenza. A questo proposito Antonio Gramsci scrisse un testo nel 1917 che ritengo ancora oggi fondamentale.

Odio gli indifferenti. Credo che vivere voglia dire essere partigiani. Chi vive veramente non può non essere cittadino e partigiano. L'indifferenza è abulia, è parassitismo, è vigliaccheria, non è vita. Perciò odio gli indifferenti. L'indifferenza opera potentemente nella storia. Opera passivamente, ma opera. È la fatalità; è ciò su cui non si può contare; è ciò che sconvolge i programmi, che rovescia i piani meglio costruiti; è la materia bruta che strozza l'intelligenza. Ciò che succede, il male che si abbatte su tutti, avviene perché la massa degli uomini abdica alla sua volontà, lascia promulgare le leggi che solo la rivolta potrà abrogare, lascia salire al potere uomini che poi solo un ammutinamento potrà rovesciare. Tra l'assenteismo e l'indifferenza poche mani, non sorvegliate da alcun controllo, tessono la tela della vita collettiva, e la massa ignora, perché non se ne preoccupa; e allora sembra sia la fatalità a travolgere tutto e tutti, sembra che la storia non sia altro che un enorme fenomeno naturale, un'eruzione, un terremoto del quale rimangono vittime tutti, chi ha voluto e chi non ha voluto, chi sapeva e chi non sapeva, chi era stato attivo e chi indifferente. Alcuni piagnucolano pietosamente, altri bestemmiano oscenamente, ma nessuno o pochi si domandano: se avessi fatto anch'io il mio dovere, se avessi cercato di far valere la mia volontà, sarebbe successo ciò che è successo? Odio gli indifferenti anche per questo: perché mi dà fastidio il loro piagnisteo da eterni innocenti. Chiedo conto a ognuno di loro del come ha svolto il compito che la vita gli ha posto e gli pone quotidianamente, di ciò che ha fatto e specialmente di ciò che non ha fatto. E sento di poter essere inesorabile, di non dover sprecare la mia pietà, di non dover spartire con loro le mie lacrime. Sono partigiano, vivo, sento nelle coscienze della mia parte già pulsare l'attività della città futura che la mia parte sta costruendo. E in essa la catena sociale non pesa su pochi, in essa ogni cosa che succede non è dovuta al caso, alla fatalità, ma è intelligente opera dei cittadini. Non c'è in essa nessuno che stia alla finestra a guardare mentre i pochi si sacrificano, si svenano. Vivo, sono partigiano. Perciò odio chi non parteggia, odio gli indifferenti.

Prima, quando raccontavo la resurrezione a Luigino, ho accennato alla parabola del buon samaritano, Gesù la racconta rispondendo a una domanda di un dottore di legge: «Maestro, che devo fare per ereditare la vita eterna?» Gesù gli dice: «Ama il Signore Dio tuo con tutto il tuo cuore, con tutta la tua anima, con tutta la tua forza e con tutta la tua mente, e il prossimo tuo come te stesso». Il dottore in legge insiste: «Chi è il mio prossimo?» A questo punto il figlio di Dio per farglielo capire meglio gli racconta la storia del buon samaritano: il ferito è a terra morente, i viandanti fanno finta di non vederlo, solo il samaritano si ferma a soccorrerlo. Pensiamo intensamente alla parabola, allo scritto di Gramsci, è impossibile non rendersi conto che l'indifferenza, inevitabilmente, porta allo scontro. Se quella bacchetta magica che mi hai prestato me la lasci ancora un minuto la userei per cancellare una seconda cosa. Al primo sguardo sembrerebbe l'opposto dell'indifferenza: il fanatismo. Perché lì a fuoco è stampato il marchio della violenza. Come l'indifferenza anche il fanatismo si trova ovunque, un esempio è dato da quello religioso. La storia è ricca di episodi di stragi in nome di un dio. L'indifferenza, il fanatismo sono l'opposto dell'amore, significa non seguire le impronte lasciate da Gesù.

Don Gallo, grazie.

Conclusioni

Parlando con Francesco Aliberti si era detto che questo libro non avrebbe avuto bisogno di parole conclusive, sono talmente importanti e potenti quelle di Andrea Gallo che aggiungerne altre potrebbe risultare superfluo o addirittura banale. Corro questo rischio perché sento la necessità di continuare a parlare del Don, come di un mio bisogno, il lettore, se vuole, può decidere di limitare la propria lettura al capitolo precedente.

Quello che segue è il racconto di ciò che accadde il 2 luglio 1970 dopo che il cardinale Siri, arcivescovo di Genova, aveva preso la decisione di allontanarlo dalla parrocchia del Carmine.

Una premessa: quel giorno alcune migliaia di cittadini scendendo in piazza a sostegno di don Gallo segnarono per sempre la sua identità. Quell'atto, nato spontaneamente, diventa, nella sua vita, importantissimo. Perché rappresenta il momento in cui lui prende coscienza di essere in relazione con gli altri, grazie alla forza della sua parola e della sua azione, all'essere prete e laico contemporaneamente.

Quando si fa un esperimento l'attimo in cui si raggiunge la reazione chimica è la dimostrazione che l'esperimento è riuscito.

Il 2 luglio rappresenta nella vita di don Gallo il raggiungimento della reazione chimica. Lui non lo ammetterà mai, per tutta la vita sarà sempre alla ricerca di quel momento, non solo di fronte a Gesù, a don Bosco, a tutti i suoi maestri, soprattutto all'ultimo della società. La sua risposta non muterà nel tempo: «Non sono degno». Questa è la virtù dei primi, di chi è veramente umile e dedica la propria vita agli altri. Don Gallo sarà per sempre un simbolo della dignità e dell'uguaglianza tra gli uomini. Da quel giorno chi è vicino a don Andrea intuisce che *Nan*, dopo aver imparato il significato di Resistenza e aver deciso di seguire l'insegnamento del maestro don Bosco, è diventato ciò che voleva essere: un educatore che riesce ad aprire l'anima dei ragazzi portandoli verso la libertà.

Quello che i parrocchiani hanno fatto in piazza a Genova è stata la dimostrazione che il biglietto da visita, che Gesù gli aveva dato, don Gallo non se l'è mai messo in tasca, da sempre lo stringe forte, forte nelle mani, il sale, il lievito, il chicco di grano sono presenti in ogni sua azione.

Incontrare don Gallo per me è stato come

tornare a scuola, alla scuola della vita, che spesso viene abbandonata per causa dell'ottavo vizio capitale: l'indifferenza. Ogni sua parola rappresenta un insegnamento. Don Gallo ha la grande capacità di ridare ordine alla vita stessa. Nella vita (mi scuso per la ripetizione ma non trovo un sinonimo che sia adeguatamente incisivo), cito un passaggio del nostro dialogo, mi considero tra i due fratelli quello fortunato. Il lavoro, che faccio ormai da molti anni, mi ha portato a incontrare persone che mi hanno dato tanto, mi hanno arricchito, mi hanno permesso di apprendere e qualche volta anche di rubare il loro modo di pensare, di lavorare, al punto tale che spesso mi sono rimproverato che quell'idea non fosse venuta a me. Credo che tutti avrebbero il diritto di avere la possibilità di "rubare" da qualcun altro. Non ho difficoltà ad ammettere che lo farò anche da Andrea.

Quando alla festa del primo anno dall'uscita in edicola del «Fatto Quotidiano», ho condotto alla Versiliana il dibattito che approfondiva il tema: *Dio è laico?*, sul palco eravamo in tanti ma le duemila persone presenti volevano ascoltare solo Andrea Gallo. Quanto apprendiamo dalla sue parole, che puntano sempre un unico obiettivo: l'amore.

Cercherò di raccontare, attraverso la cronaca, quello che accadde il 2 luglio 1970. Per Genova rimarrà una data storica, come per don Gallo grazie all'affetto che i suoi parrocchiani gli hanno pubblicamente dimostrato. Lui sempre molto loquace e disponibile a rispondere a tutte le domande anche a quelle molto personali, su quello che accadde quel giorno tende a non sbilanciarsi.

Prima di entrare nella cronaca, a proposito di fatti personali, voglio ricordare quello che don Gallo ha detto durante un'intervista televisiva, confidando di essere caduto nel peccato: «La carne è carne, ho commesso peccato, mai di pedofilia. Quando cadevo dovevo salire immediatamente. Quando ho peccato avevo tra i trenta e i quarant'anni». Don Gallo ha sempre sostenuto che la Chiesa, prima o poi, dovrà affrontare il tema del celibato: «Imparando dalla Chiesa d'Oriente, che non lo ha mai imposto. I preti dovrebbero essere liberi di scegliere se sposarsi o no. La Chiesa dovrebbe avere l'obiettivo di una sessualità liberata, perché è un dono di Dio. La sessualità va al di là delle intenzioni. Ci sono i sentimenti. C'è il piacere, che è un grande dono». Durante la nostra conversazione gli ho chiesto: «Ti sei innamorato?» La sua risposta è stata immediata, senza titubanze: «Sì, avevo vent'anni, mi è accaduto anche dopo. Mi chiedo come ho fatto a superare certi momenti, i dubbi che ho avuto. Poi è sempre prevalsa la decisione di restare a casa: presbitero. Penso di non aver fatto violenza ad alcuno. Amore vuol dire assenza di violenza».

Su quello che accadde quel giorno, il 2

luglio, minimizza, è restio ad andare in profondità, perché preso da un certo pudore. Sintetizzo quei fatti in una morale finale: il buono vince contro il cattivo. È quello che accade agli eroi. È successo a Robin Hood quando gli abitanti di Nottingham si schierarono a sua difesa contro lo sceriffo, è accaduto a don Andrea Gallo: i parrocchiani si schierarono contro la decisione della curia di trasferirlo. Tra maggio e giugno 1970 la parrocchia del Carmine fu protagonista della cronaca della città. La curia aveva deciso di allontanare il Don, sperando che accadesse nel più totale silenzio, come probabilmente era già avvenuto con altri preti che prima di lui erano stati sostituiti e mandati ad altro incarico.

Don Gallo, il viceparroco, è un uomo di chiesa, che manifesta il proprio pensiero e il proprio dissenso, sempre ubbidiente alle regole e ai superiori. «Se mi ordinassero di stare zitto per un anno io starei zitto per un anno. La realtà è che non hanno il coraggio di dirmelo».

Il cardinale Siri, nel prendere l'irrevocabile decisione, non fece i conti con i parrocchiani della chiesa del Carmine. Quello che doveva essere un semplice "ordine di servizio" interno della Diocesi, diventò un fatto pubblico. I giornali inizialmente misero la notizia in cronaca: quattro righe. Dopo pochi giorni la vicenda arrivò in prima pagina. Alcuni titoli tra i tanti: «Il trasferimento di don Gallo per non disturbare la quiete; Genova: don Gallo viceparroco del Carmine è stato allontanato; la repressione del cardinale Siri colpisce un prete del dissenso; le prediche di don Gallo troppo compromettenti; don Gallo allontanato».

Il 2 luglio era un giovedì. Durante la notte alcuni parrocchiani avevano tappezzato i muri delle strade con cartelli scritti a mano in cui si invitavano i cittadini a manifestare. «Questa sera alle ore sei sono tutti invitati in piazza per parlare dell'allontanamento di don Gallo dal Carmine». Sui muri, nei giorni precedenti, erano apparsi simboli comunisti come la falce e il martello, o scritte tipo: «Viva Lenin; Il Carmine è rosso». Anche scritte contro chi aveva deciso di allontanare don Gallo: «Merda al clero; Fuori dal Carmine i borghesi e i loro servi; Meno ostie più pensioni; morte ai fottuti borghesi che vogliono impestare il Carmine di cattolicesimo». Anche il vespasiano della zona era diventato di parte, perfettamente al centro risaltava la scritta rossa: «Santa Sede».

Alle ore diciotto don Gallo era in osteria. Qualcuno va ad avvertirlo che la chiesa è stata occupata: «Andrea devi correre subito in chiesa, è incredibile quello che sta accadendo». Tra la chiesa, la scala e la piazza di fronte vi erano oltre duemila persone: professori, operai, fabbri, portuali, impiegati, giovani e vecchi, studenti e prostitute. Molti parrocchiani portavano cartelli con su scritto: «Perché non si interpella la comunità? Si fa tutto in silenzio? I poveri sono la vera Chiesa del silenzio; preti funzionari della curia o preti al servizio dei fratelli? Non si rifiuta un prete si rifiutano i diseredati del quartiere; hanno fatto un deserto e lo chiamano pace». Tutto questo alla fine non cambierà la decisione del cardinale Siri, ma salderà per sempre don Andrea Gallo con i genovesi. Quando il "prete da marciapiede" arriva nella piazza rimane sbalordito, non immaginava la presenza di tanta gente. Ancora una volta i parrocchiani vogliono ascoltare le sue parole, e qualcuno gli allunga un megafono. Questo è il saluto e l'ultima predica di don Gallo ai parrocchiani del Carmine: «È vero, esiste un profondo dissenso fra me e la curia, ma un dissenso d'amore e di profonda, convinta ricerca della verità. La cosa più importante è che si continui ad agire perché i poveri contino. Ci incontreremo sempre. In tutto il mondo, in tutte le chiese, le case, le osterie. Ovunque ci siano uomini che vogliono verità e giustizia». Su quei giorni, tanti anni dopo, in occasione del suo ottantesimo compleanno, è stata scritta una bellissima canzone da Stefano Buzzone e cantata dagli Altera, che prende lo spunto da un fatto realmente accaduto il 2 luglio 1970. Un vigile urbano vede sulle scale della chiesa del Carmine un bambino piangere: «Perché piangi?» «Mi hanno rubato il prete» risponde il piccolo in lacrime. Questo è il testo della canzone che si intitola, ovviamente, *Mi hanno rubato il prete*.

Hanno fatto un deserto e lo hanno chiamato pace,
leggevo su un cartello, ed ero piccolo.
Sotto la chiesa tante persone scese in piazza dalle case
come un temporale.
Dicono che il prete se ne deve andare,
dicono che le questioni sociali in chiesa non ci devono
entrare.
Seduto per terra piangevo in questa giornata popola-
re e intanto ripetevo:
mi hanno rubato il prete che parlava dell'amore,
mi hanno rubato il prete era stato monsignore.
Dentro a quel deserto ci son finito io.
Acqua di fuoco e lacrime le sole compagnie.
Incontri senza occasioni, rivoli di miseria,
muovono senza quiete in questa vita grama.
Ma vedo l'uomo che cammina con gli ultimi,
quello che sta in fondo alla fila,
quello che si sporca le mani.
È l'uomo che parla troppo,
il Vangelo in una mano e il giornale nell'altra,
angelicamente anarchico, mi sorrideva.
Ho ritrovato il prete che parlava dell'amore.
Ho ritrovato il prete mi dispiace monsignore.
Ho ritrovato il prete che parlava dell'amore.
Ho ritrovato il prete son contento monsignore.

Ho letto molte volte la Bibbia e considero il Vangelo, la vita di Gesù, un esempio pur non pensando alla Chiesa come la mia casa. Nulla oggi mi avvicina a essa, per me è sufficiente guardare l'ostentazione della ricchezza attraverso gli abiti del papa e di tutta la gerarchia ecclesiastica. Papa Luciani, lo ha ricordato il Don, avrebbe voluto vivere lontano dal palazzo e in povertà, non ebbe il tempo di realizzarlo, la sua fine, ancora oggi, è avvolta nella nebbia del dubbio. Con Enzo Biagi, in tv, abbiamo fatto inchieste su di *Un ragazzo di nome Gesù*, girando la Palestina in lungo e in largo, ci siamo chiesti mille volte perché questo nostro mondo, fatto di guerre, di violenze di ingiustizie, dove la storia non insegna nulla, anzi si ripete in continuazione, ha completamente dimenticato il figlio di Dio.

Ho scritto all'inizio che se don Gallo fosse un politico avremmo, finalmente, trovato il nostro leader. Qualcuno ha detto anche, non ricordo chi, se ci fossero tanti don Gallo le chiese non riuscirebbero a contenere tutti i fedeli. Non credo che i tanti interventi fatti dalla gerarchia ecclesiastica nei suoi confronti fossero mirati alla persona ma ad annullare la forza della sua parola. Il significato di ostacolare don Gallo va oltre ogni logica, si associa al perché la Chiesa alimenta la paura, l'esistenza dell'inferno, facendo leva sul bisogno dell'uomo di credere alla vita eterna.

Da quando ho cominciato a scrivere il libro ho capito perché le persone sentono il bisogno di incontrare don Gallo. È il bisogno che deriva dalla ragione, dall'intelligenza dell'essere umano di capire. Don Gallo ci insegna con l'esempio che il primato della coscienza personale, dopo il concilio, è dottrina certa, chi dice il contrario lede il principio base della Chiesa. La coscienza non può essere subordinata ad alcuno: né a Obama, né a Berlusconi, né a D'Alema, né al papa. Bisogna aver il coraggio di dirlo. Don Gallo questo coraggio ce l'ha e lo rafforza con l'esempio grazie al quale ci fa capire che tutti gli esseri umani hanno gli stessi diritti, e gli ultimi devono avere la possibilità di emanciparsi. Per questo dobbiamo essere grati, per sempre, a donne come madre Teresa di Calcutta e a uomini come Andrea Gallo.

MARKS & SPENCER

45 St Johns Road
London
SW11 1QP
020 7228 2545
VAT NO. GB232128892

£

| 00681698 | 400G SELECTION | -7.00 |
| 00681698 | 400G SELECTION | 3.50×R |

No Refund or Exchange Given

Items: 1   Refund Due   -3.50

Cash Refund   -3.50
**Cash Refund(£3.50)

Thank you for shopping at M&S
Please retain for your records

discover more @marksandspencer.com

29/10/12 10:56 16804160 40581   151 0521

9 9902052115104058 1 9

www.marksandspencer.com

Marks and Spencer plc
Waterside House
35 North Wharf Road
London W2 1NW

Mixed Sources
Product group from well-managed
forests and other controlled sources
www.fsc.org Cert no.SGS-COC-005999
© 1996 Forest Stewardship Council

This receipt is made from FSC certified paper, part of our
Plan A commitment to use more sustainable materials.

FSC, protecting the world's forests for the future.

www.marksandspencer.com

Marks and Spencer plc
Waterside House
35 North Wharf Road
London W2 1NW

Mixed Sources
Product group from well-managed
forests and other controlled sources
www.fsc.org Cert no.SGS-COC-005999
© 1996 Forest Stewardship Council

This receipt is made from FSC certified paper, part of our
Plan A commitment to use more sustainable materials.

FSC, protecting the world's forests for the future.

Ringraziamenti

Grazie a Cinzia Monteverdi, Alessia Arcurio, Margherita Violi, per la preziosa collaborazione.

Brevi cenni biografici

Don Andrea Gallo (Genova, 1928) venne attratto fin da piccolo dalla spiritualità dei salesiani di San Giovanni Bosco, ed entrò nel 1948 al loro noviziato a Varazze, proseguendo poi a Roma il liceo e gli studi filosofici.

Nel 1953 chiese di partire per le missioni, e venne mandato in Brasile, a San Paolo, dove compì gli studi teologici. La dittatura che vigeva in Brasile lo costrinse però, in un clima per lui insopportabile, a ritornare in Italia l'anno dopo.

Continuò quindi gli studi a Ivrea e venne ordinato presbitero il primo luglio 1959.

Un anno dopo venne inviato come cappellano alla nave scuola della Garaventa, noto riformatorio per minori. Lì cercò di introdurre un'impostazione educativa diversa, cercando di sostituire i metodi unicamente repressivi con una pedagogia della fiducia e della libertà. Da parte dei ragazzi c'era interesse per quel prete che permetteva loro di uscire, di andare al cinema e di vivere momenti comuni di piccola autogestione, lontani dall'unico concetto fino allora costruito, cioè quello dell'espiazione della pena.

Dopo tre anni venne spostato ad altro incarico, e nel 1964 decise di lasciare la congregazione salesiana e chiese di incardinarsi nella diocesi genovese. La spiegazione addotta da don Andrea: «La congregazione salesiana si era istituzionalizzata e mi impediva di vivere pienamente la vocazione sacerdotale».

Ottenuta l'incardinazione a Genova, il cardinale Siri, arcivescovo di Genova in quel momento, lo inviò a Capraia, allora sotto l'arcidiocesi del capoluogo ligure, per svolgere l'incarico di cappellano del carcere. Due mesi dopo venne destinato, in qualità di vice parroco, alla parrocchia del Carmine dove rimase fino al 1970, anno in cui il cardinale Siri lo trasferì nuovamente a Capraia.

Nella parrocchia del Carmine don Andrea fece scelte di campo con gli emarginati. La parrocchia diventò un punto di aggregazione per giovani e adulti, di ogni parte della città, in cerca di amicizia e solidarietà con i più poveri e con gli emarginati, che al Carmine trovavano un punto di ascolto.

L'episodio che provocò il trasferimento, secondo la comunità di don Andrea, fu un incidente verificatosi nell'estate del 1970 per alcune sue affermazioni pronunciate durante una sua omelia domenicale. Nel quartiere era stata scoperta una fumeria di hashish e l'episodio aveva suscitato indignazione nell'alta borghesia del quartiere: don Andrea, prendendo spunto dal fatto, ricordò nell'omelia che rimanevano diffuse altre droghe, per esempio quelle del linguaggio, grazie alle quali un ragazzo può diventare «inadatto agli studi» se figlio di povera gente, oppure un bombardamento di popolazioni inermi può diventare «azione a difesa della libertà».

Don Andrea fu accusato di essere comunista, le accuse si moltiplicarono in breve tempo e questo sarebbe stato il motivo per cui la curia decise il suo allontanamento.

Il provvedimento dell'arcivescovo provocò nella parrocchia e nella città un movimento di protesta, ma la curia non tornò indietro e ingiunse a don Andrea di obbedire.

Tuttavia don Andrea rinunciò all'incarico offertogli all'isola di Capraia, ritenendo che lo avrebbe totalmente e definitivamente isolato.

Qualche tempo dopo venne accolto dal parroco di San Benedetto al Porto, don Federico Rebora, e insieme a un piccolo gruppo diede vita alla sua comunità di base, la comunità di San Benedetto al Porto.

Da allora si è impegnato sempre di più per la pace e nel recupero degli emarginati, chiedendo anche la legalizzazione delle droghe leggere: nel 2006 si è fatto multare, compiendo una disobbedienza civile, fumando uno spinello nel palazzo comunale di Genova per protestare contro la legge sulle droghe.

Sin dal 2006 appoggia attivamente il movimento "No Dal Molin" di Vicenza che si oppone alla costruzione di una nuova base militare Usa a Vicenza. Più volte don Andrea si reca a Vicenza, in occasione dell'annuale Festival No Dal Molin.

Il 10 maggio 2009 acquista assieme a oltre 540 persone fisiche il terreno dove ormai da anni sorge il presidio permanente No Dal Molin per mettere radici sempre più profode a difesa a oltranza del territorio e dei beni comuni.

Nel marzo del 2007 è uscito il libro *Io Cammino con gli Ultimi*, scritto insieme allo scrittore genovese Federico Traversa.

Nell'aprile del 2008 ha deciso di aderire idealmente al V2-Day organizzato da Beppe Grillo.

Il 27 giugno 2009 don Gallo ha partecipato al Genova Pride 2009, lamentando le incertezze della Chiesa cattolica nei confronti degli omosessuali.

Don Gallo ha anche tenuto l'orazione funebre alle esequie di Fernanda Pivano a Genova il 21 agosto 2009.

Venerdì 4 dicembre 2009 gli è stato assegnato il premio Fabrizio De André consistente nel Quartaro d'oro, ovvero un'antica moneta della Repubblica genovese. Il premio è stato consegnato presso il salone di Rappresentanza di Palazzo Tursi di Genova .

Indice dei nomi

Indice

Questa parte di albero
è diventata libro
sotto i moderni torchi
di La Tipografica Varese (VA)
nel mese di dicembre 2010.
Possa un giorno
dopo aver compiuto il suo ciclo
presso gli uomini desiderosi di conoscenza
ritornare alla terra
e diventare nuovo albero.